BEI GRIN MACHT SICH IHR
WISSEN BEZAHLT

- Wir veröffentlichen Ihre Hausarbeit,
  Bachelor- und Masterarbeit

- Ihr eigenes eBook und Buch -
  weltweit in allen wichtigen Shops

- Verdienen Sie an jedem Verkauf

Jetzt bei www.GRIN.com hochladen
und kostenlos publizieren

Bibliografische Information der Deutschen Nationalbibliothek:

Die Deutsche Bibliothek verzeichnet diese Publikation in der Deutschen National-
bibliografie; detaillierte bibliografische Daten sind im Internet über http://dnb.d-
nb.de/ abrufbar.

Impressum:

Copyright © 2010 GRIN Verlag, Open Publishing GmbH
Druck und Bindung: Books on Demand GmbH, Norderstedt Germany
ISBN: 9783640633937

Dieses Buch bei GRIN:

http://www.grin.com/de/e-book/151358/lernen-per-onlinecommunity

Martin Tintel

Lernen per Onlinecommunity

E-Learning im Zeitalter von Web 2.0

GRIN Verlag

GRIN - Your knowledge has value

Der GRIN Verlag publiziert seit 1998 wissenschaftliche Arbeiten von Studenten, Hochschullehrern und anderen Akademikern als eBook und gedrucktes Buch. Die Verlagswebsite www.grin.com ist die ideale Plattform zur Veröffentlichung von Hausarbeiten, Abschlussarbeiten, wissenschaftlichen Aufsätzen, Dissertationen und Fachbüchern.

Besuchen Sie uns im Internet:

http://www.grin.com/

http://www.facebook.com/grincom

http://www.twitter.com/grin_com

2010

Lernen per Onlinecommunity
E-Learning im Zeitalter von Web 2.0

LVA: Seminar aus Medieninformatik
Ausarbeitung: Martin Tinte

20.05.2010

Inhaltsverzeichnis

Vorwort 4
    Zentrale Fragen dieser Seminararbeit 4

Virtuelle Gesellschaft 5
  Onlinecommunitys 5
    Die Idee.. 5
    Entstehung von Online Communities... 7
    Technische Funktionsweise 7
    Soziale Funktionsweise... 7
    Klassifikation 8
    Konzepte 8
  Web 2.0.. 9
    Die Grundidee des Web 2.0 9

Didaktik 10
  Wer lernt? 10
  Welche Formen des Unterrichts gibt es?... 10
  Psychologische Lerntheorien 11
    Behavioristischer Ansatz 11
    Kognitivistischer Ansatz.. 11
    Konstruktivistischer Ansatz 11
  E-Learning 11
    Technologien 12
    Formen 12
  Welche Methoden finden in Online Communities ihre Anwendung? 13
    Gruppen- Experten- Rallye 13
    Gruppenarbeit 13
    Anchored Instruction 13
    Briefmethode 13
    Coaching 13
    Moderation 13
    Gruppendiskussion 13
    Kognitive Lehre 14
    eLearning 14
    Problem-Based Learning 14
    Rollenspiele 14
    Distributed Cognition 14
    Pro- und Kontra- Debatte.. 15
  Mischen der Methoden 15

Lernen in Onlinecommunitys – Die Sonnenseite 16
  Grundvoraussetzungen... 16
  Geben und Nehmen 19
  Motivationselemente der User 22

Lernen wann ich will, was ich will, wie ich will und wo ich will 22

Zugänglichkeit 26

Eingeschränkter Nutzerkreis vs. offener Benutzerkreis 27

Zugehörigkeit 28

    Zielgruppe... 28

    Ausrichtung 31

    Häufige Nutzung 32

    Eingehen auf Individuen 33

Funktionen der Plattform 34

    Technik 35

Relevanz von Informationen... 36

Kommunikation.. 39

Die wirtschaftliche Seite 41

    Wie Geld machen? 41

    Wie wächst eine Online Community? 42

    Interessante und gute Beispiele 44

Lernen in Onlinecommunitys – Die Schattenseite 45

Hausgemachte Probleme 45

    Urheberrecht... 45

    Jugendsünden.. 45

    Rückschluss auf die Person... 46

    Probleme mit dem Arbeitgeber 46

    Lernen muss gelernt werden... 47

Probleme mit anderen Menschen...47

    Spammer 47

    Trolle... 48

    Lurker 48

    Diskussionen und Kommunikation 49

    Identitätsdiebstahl 49

Lernen und Lehren... 51

Relevanz von Beiträgen 52

    Wie korrekt ist Wissen?.. 52

    Die große Flut 52

    Kommerzialisierung 52

Ausrichtung der Online Community 53

Wirtschaftliche Probleme und Kommerzialisierung.. 53

Technik.. 55

    Der Server 55

    Menschen mit Einschränkungen 57

Ausblick 58

Literaturverzeichnis 60

Vorwort

Die Akzeptanz gegenüber der Technologie Internet nimmt kontinuierlich zu. Die rasche Verbreitung führte dazu, dass sich in fast jeder Wohnung und auf fast jedem Arbeitsplatz ein Internetzugang befindet. Die Informatik generell, speziell aber das Internet und die dort angetroffenen Technologien, Ideen,... sind einer raschen Entfaltung und Weiterentwickelung unterlegen.

Spätestens mit Web 2.0.[1], das eine Reihe interaktive und kollaborative Elemente brachte, gab es eine grundlegende Veränderung des World Wide Webs. Mit ihr traten viele Aspekte in den Vordergrund, die den Gedanken „Onlinecommunity" in eine neue Dimension erhob.

Schon lange Zeit zuvor gab es Onlinecommunitys. Doch durch Web 2.0 entstanden technologische Möglichkeiten, die es zuvor nicht gab und den Grundgedanken von Onlinecommunitys erst vollkommen entfalten konnte.

Genauso wie Menschen verschieden sind, sind auch deren Lernmethoden, Lernstile, Lerngewohnheiten, Lernumgebung, Lernzeit,... verschieden. Online Learning eröffnet viele neue Möglichkeiten. In der Regel kann gelernt werden was man will, wo man will, wann man will und wie man will. Online Learning steht somit für problemorientiertes und zeitnahes Lernen, am Arbeitsplatz genauso wie im Bildungs- und Freizeitbereich.

Der Trend im Bereich e-Learning geht immer mehr in Richtung „Virtuelle Gemeinschaft", kurzum Onlinecommunity. Die Vorteile von aktuellen Informationen in informellen Personengruppen oder Netzwerken, die auf Grund gemeinsamer Interessen oder Problemstellungen Wissen und Erfahrungen austauschen, hört sich gut an. Doch wie sieht die Praxis aus? Verderben nicht viele Köche den Brei?

Theoretisch ergeben sich somit 2 Standpunkte: „Umso mehr Menschen an einer Lösung arbeiten, umso besser wird sie sein" und „Viele Köche verderben den Brei?". Eine pauschalisierte Antwort gibt es nicht, jedoch liegt die Wahrheit wie meistens in der Mitte. Dieser wird mittels Theorie, Grundlagenwissen und Fallbeispielen auf die Spur gegangen.

Zentrale Fragen dieser Seminararbeit

- Was sind die Grundideen und Mechanismen hinter Online Communities im Zusammenhang mit Lernen?

- Von welchen Faktoren hängt ihr Erfolg ab?

- Warum funktionieren Online Communities oft, aber nicht immer?

- Wo liegen die Probleme und Grenzen von Online Communities?

Die ersten beiden Kapitel „Virtuelle Gesellschaft" und „Didaktik" sollen einen theoretischen Einblick in die Materie geben, während die anschließenden Kapitel praktischer auf das Thema eingehen.

Virtuelle Gesellschaft

In diesem Kapitel wird anfangs auf den Begriff „Online Community", was darunter zu verstehen ist, welche Idee dahinter steckt, wie und wann es entstanden ist, eingegangen. Danach wird die technische und soziale Funktionsweise näher betrachtet. Eine Klassifikation und Auseinandersetzung mit den Konzepten, die hinter Online Communities stehen, runden das Thema ab.

Das Schlagwort „Web 2.0" steht im engen Zusammenhang mit dem Thema Online Community und wird daher anschließend näher unter die Lupe genommen.

eLearning ist ein großes und komplexes Gebiet, das eng mit „Lernen per Online Community" zusammenhängt. Deswegen wird analysiert, was einerseits teilt, und anderseits trennt.

Onlinecommunitys

Unter Onlinecommunitys, deutsch Netzgemeinschaft[2], versteht man eine Gemeinschaft von Menschen, die sich via Internet begegnen und austauschen. Technologisch gibt es viele Möglichkeiten hierzu: E-Mail, Chat, Instant- Messenger und Foren, um nur einige zu nennen. Wichtig im Bezug auf Online Communities ist, dass sie nicht mit der Technik gleichgesetzt werden, die von der Online Community verwendet wird, sondern durch die Inhalte, die sie zusammenführt!

Die Idee

Der Grundgedanke des Internet, speziell einer Onlinecommunity, steht im Gegenpol klassischer Medien. Klassische Medien, beispielsweise Zeitung, Radio und Fernsehen, weisen folgende essentiellen Unterschiede gegenüber dem Internet auf[3]:

- **Einseitigkeit der Kommunikation** (Unidirektionalität): Der Nachrichtenmoderator spricht zu uns, wir aber nicht zu ihm.

- **Öffentlichkeit der Aussagen:** Jeder kann den Inhalt traditioneller Massenmedien einsehen, er ist nicht auf kleine Personengruppen beschränkt.

- **Disperses Publikum:** Die Konsumenten der Massenmedien haben keine Gemeinsamkeiten, außer dass sie zu einem bestimmten Zeitpunkt das gleiche Medium konsumieren. Es konsumieren viele Menschen, die sich in den verschiedensten Eigenschaften unterscheiden (Alter, Berufsgruppe, Geschlecht, Ausbildung, etc.) die gleichen Inhalte. Es entstehen also nicht-dauerhafte unstrukturierte Gruppen, die räumlich getrennt sind und deren Mitglieder gegenseitig anonym sind.

- **Die Zugangschancen sind eingeschränkt:** Das bedeutet, dass es nicht jedem möglich ist, selbst Inhalte zu produzieren und zu kommunizieren. Dafür ist beispielsweise ein großes Kapital notwendig (etwa um einen Fernsehsender zu gründen).

- **Sie transportieren eine hegemoniale Bedeutung**

- **Sie sind indirekt:**

Insbesondere im Bezug auf Web 2.0, dazu später mehr, sieht man die essentiellen Unterschiede im Bezug auf die dahinter stehenden Grundgedanken sehr deutlich! Beispielsweise kann jeder Teil einer Online Communities werden und wenn er will, seinen Teil dazu beitragen. Die technischen Voraussetzungen sind auch viel geringer, sodass keine oder kaum Kosten entstehen.

Entstehung von Online Communities

Online Communities gibt es nicht erst seit der Web 2.0 Epoche. Eine genaue Entstehungsdatierung gibt es nicht. In der Regel wird das Jahr 1985 herangezogen, in dem ein netzbasierter Debattierklub namens „The Well" (the Whole Earth 'Lectronic Link) entstand[4]. Theoretisch können aber auch Mailinglisten, die es lange zuvor gab, als die ersten Onlinecommunitys angesehen werden!

Technische Funktionsweise

Wie schon eingangs erwähnt, bildet nicht die Technik, sondern der Inhalt und somit die Interessen, die Onlinecommunity. Als Fundament werden Werkzeuge wie Foren, E- Mail, Chat, Newsboard, ... zur Kommunikation angeboten. Die Funktionen werden der Zielgruppe angepasst und daran abgestimmt. Hierbei sieht man auch gut, dass der Inhalt im Vordergrund steht, die Technik ihr untergeordnet ist, und um eine gute Kommunikation bieten zu können, an die Inhalte angepasst wird. Bekannte Beispiele für funktionierende Communitys sind MySpace, Usenet, deviantART, Flickr, Geizhals, Facebook, Xing, Shortnews, Twitter und Youtube.

Soziale Funktionsweise

In der Regel gibt es eine Demokratie, auch wenn der Trend immer mehr hin zu Hierarchien geht. Grund dafür ist, dass jede Onlinecommunity eine gewisse Verwaltung braucht, beispielsweise um SPAM zu löschen, Probleme zu lösen, die Technik zu warten und vieles mehr.

Grundsätzlich gibt es 2 verschiedene Ausrichtungen[5]:

- Themenorientierte Communities

- Methodenorientierte Communities

Bei der themenorientierten Community steht ein gemeinsames Thema, das alle Mitglieder der Onlinecommunity teilen, im Vordergrund. Dieses gemeinsame Thema eint die Menschen, und löst die Anziehungskraft der Onlinecommunity aus.

Methodenorientierte Communitys hingegen eint die Einzelpersonen durch gemeinsame Methoden und Grundideen zu einer Gruppe. Beispielsweise gibt es bei Wiki Communities den Grundgedanken Wissen online zu sammeln, aufzuarbeiten und anderen Personen kostenlos zur Verfügung zu stellen. Die wiederum können den Text verändern und somit auch deren inhaltliche Qualität verbessern. Wissen das dabei vermittelt wird, ist aber im Gegensatz zur themenorientierten Community, grundverschieden. Themen der Informatik können ebenso wie aus der Biologie, Geisteswissenschaften, Automobilbereich, Medizin vermittelt werden, wie aus dem Sport! Gemeinsam ist nur der Grundgedanke, in dem Fall Wissen online zu sammeln und anderen zur Verfügung zu stellen.

Klassifikation [6]

Wikis: Der Hauptfokus liegt am Content. Dabei kann Wissen innerhalb einer Firma gesammelt und aufgearbeitet werden, aber auch außerhalb. Der Content kann sich dabei auf das Arbeitsgebiet, aber auch aus anderen Themenfelder wie zum Beispiel der Freizeit entstammen. Sehr beliebt im Bereich der Wikis sind Enzyklopädien, da sie sich für diese Art der Wissensaufarbeitung ideal eignen.

Blogs: Darunter werden individuelle Artikel und Texte verstanden. Sie sind in so gut wie jedem Bereich, beispielsweise Tourismus, Freizeit, Urlaubsberichte, Politik Technologie,... anzutreffen.

Social-Network-Services: Aufbau und Unterstützung von Beziehungsnetzwerken stehen im Vordergrund.

Social Sharing: Ähnlich Social-Network-Services, wobei Bereitstellung und Austausch von Informationen (beispielsweise Bilder, Videos,...) im Mittelpunkt sind. Der Trend im Moment geht immer mehr in Richtung Vereinigung beider.

Konzepte [7]

Beim Tagging werden Tags („Stichwörter", Buzz- Wörter, Schlagwörter,...) vergeben, sodass Inhalte schneller wiedergefunden werden können. Beim kollaborativen Tagging können auch die Tags anderer eingesehen bzw. bei Suchanfragen gefunden werden. Als praktisches Beispiel kann die Buchsuche bei Amazon herangezogen werden, bei der User Tags zu den einzelnen Büchern hinzufügen können. Sucht jemand nach einem Buch mit dem Inhalt „3D", werden nicht nur Bücher gefunden die im Beschreibungstext das Wort 3D enthalten, sondern auch Bücher, bei dem ein User das Tag „3D" vergeben hat. Der Hintergedanke ist, dass im Falle von Büchern oft nur der Klappentext durchsucht werden kann, Buchtitel und andere Informationen die meist sehr spärlich sind. User können abhängig vom Buch, vorhandenen Informationen, Sicht auf das Buch, Inhalt,... viel bessere Zusatzinformationen angeben, was dann in Form von Tags passiert. Auch ist es sehr schwer Bücher in starre Kategorien einzuteilen. Vor allem in Foren ist es noch schwieriger, Wissen Kategorien zuzuordnen. Erst recht wenn Diskussionen entstehen, oft das Thema geändert wird, oder von einem großen Thema auf ein spezielles Unterthema gesprungen wird, kann es bei einer starren Struktur zu Problemen kommen. Tags können helfen das Problem zu lösen oder zu verringern, indem sie auf einer anderen Ebene eine gewisse „Kategorisierung" vornehmen.

Newsfeeds haben eine ganz andere Grundidee: bei ihnen werden Veröffentlichungen auf Webseiten in ein standardisiertes Format gebracht und strukturiert veröffentlicht. Somit sieht der User schnell und übersichtlich, was sich auf diversen Webseiten so tut und von ihm abonnierten Diskussionen getan hat.

Bei Podcasts werden Mediadateien wie Audio- oder Videodateien abonniert. Das System funktioniert ähnlich eines Radiosenders, wobei unabhängig von der Sendezeit die Inhalte konsumiert werden können.

Mashups sind eine Mischung von verschiedenen Technologien oder Online Communities, wodurch aus bestehenden Elementen neue generiert werden.

Web 2.0

Der Begriff Web 2.0 wurde im Jahr 2003[8] zum ersten Mal in einem Fachmagazin für IT- Manager gewählt: „An increase of outsourcing with web services is nothing less than the start of what Scott Dietzen, CTO of BEA Systems, calls the Web 2.0, where the Web becomes a universal, standards-based integration platform"[9].

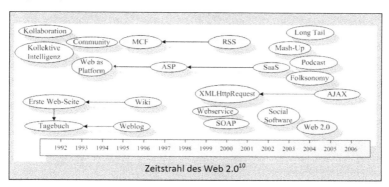

Zeitstrahl des Web 2.0[10]

Die Zahl 2.0 suggeriert eine neue Generation des Webs. Dies ergibt sich daraus, dass interaktive und kollaborative Elemente eine andere Nutzungsart ermöglichen, und sich somit von der früheren Nutzungsart des Webs abgrenzt.

Die Grundidee des Web 2.0

Benutzer konsumieren nicht nur Inhalte, sondern erstellen sie selbst[11]. Darüber hinaus können sie diese Inhalte auch bearbeiten, verteilen und somit der Onlinecommunity zur Verfügung stellen. Dazu werden interaktive Anwendungen verwendet, die der Onlinecommunity zur Verfügung gestellt werden. Folglich können Inhalte in quantitativ und qualitativ entscheidendem Maße selbstproduziert werden und anderen zur Verfügung gestellt werden anstatt sie, wie bei klassischen Medien, nur zu konsumieren. Dadurch kann jeder Konsument von Inhalten, auch zu einem Produzent derer werden. Jeder kann mitmachen und wird Teil der Onlinecommunity!

Didaktik

Diese Kapitel soll einen sehr groben Überblick über das sehr große und komplexe Thema Lehren und Lernen geben. Dabei wird nur auf die für uns relevanten Gebiete und in der dafür notwendigen Tiefe eingegangen.

„Wer lernt?" und „Welche Formen des Unterrichts gibt es?" geben einen kurzen Überblick über Zielgruppe und Einsatzgebiet.

Anschließend betrachten wir die psychologischen Lerntheorien und sehen, auf welche Lerntheorien sich Lernen per Online Community stützt.

Danach wird E-Learning genauer unter die Lupe genommen: Angefangen von der Geschichte geht unsere Reise über die Technologien hin zu den wichtigsten Formen.

Abgeschlossen wird das Kapitel, indem die wichtigsten und gängigsten Lehrmethoden die ihre Anwendung in Online Communities finden, erläutert und deren Kombination im Alltag von Online Communities kurz erklärt werden.

Wer lernt?

Generell gibt es eine sehr breite Streuung[12]:

- SchülerInnen
- Studierende
- Erwachsene

Der Trend geht immer mehr in Richtung Life Long Learning (LLL), sprich nicht das Ende der Schulzeit entspricht dem Ende des Lernens, sondern im Beruf wird weiter gelernt. Genauso lernen viele Menschen auch in der Pension z.B. Sprachen oder Sachen die sie interessiert, da sie früher neben Ausbildung und anschließendem Job nicht die notwendige Zeit dafür zum Lernen aufbringen konnten oder wollten.

Welche Formen des Unterrichts gibt es?

Es gibt unter anderem folgende Formen des Unterrichts[13]:

- Einzelunterricht
- Gruppenunterricht
- Tele- Learning
- Blended Learning

Online Learning fällt dabei einerseits unter Tele- Learning, andererseits aber auch unter Blended Learning.

Psychologische Lerntheorien

Grundsätzlich gibt es 3 verschiedene psychologische Lerntheorien[14]:

Behavioristischer Ansatz

- Reiz- Reaktion

- Beobachtetes Lernverhalten

- Vorhersagbares Lernverhalten

Kognitivistischer Ansatz
- Biologische Funktionsweise von Gehirn und Gedächtnis liefert Erkenntnisse für das Lernen

Konstruktivistischer Ansatz
- Lernende konstruiert sich sein Wissen selbst

- Lernende übernimmt weitgehend Steuerung und Kontrolle des Lernprozesses[15]

- *„Er konstruiert sich seine individuelle Lernsituation, in der er selbst bestmöglich lernen kann"[16]*

Beim Online Learning wird der konstruktivistische Ansatz verwendet[17]. Der Lernende steuert und kontrolliert den Lernprozess und kann dabei lernen wann und was er will.

E-Learning

Die Abkürzung E-Learning steht für eletronic learning, auf Deutsch „elektronisch unterstütztes Lernen"[18]. Darunter werden *„alle Formen von Lernen verstanden, bei denen elektronische oder digitale Medien für die Präsentation und Distribution von Lernmaterialien und/ oder zur Unterstützung zwischenmenschlicher Kommunikation zum Einsatz kommen"*[19].

Grundsätzlich ist E-Learning nichts Neues. Die erste Lernmaschine wurde 1588 vom italienischen Ingenieur Agostino Ramelli entwickelt[20]. Vor allem im 19. Jahrhundert wurden sehr viele Übungsmaschinen und Lernmaschinen erfunden und patentiert.

1959 wurde eine neue Ära eingeleitet, indem verzweigte Lernprogramme entstanden, sodass Lernprozesse individualisiert werden konnten[21].

„Anfang der 1970er Jahre gab es eine Reihe von Forschungs- und Entwicklungsprojekte zum computergestützten Unterricht"[22].

Danach wurde es rund um das Thema E-Learning sehr ruhig. Erst Ende der 1980er Jahre wurde das Thema erneut aufgegriffen, wenn auch mit Verlagerung von Schule hin zur beruflichen Bildung[23].

Ende 1990 brachte die Verbreitung des Internets dem Thema erneut einen starken Aufschwung. In dieser Zeit etablierte sich auch der bis heute gängige Begriff „E-Learning"[24].

Technologien

E-Learning kann auf sehr unterschiedlichen Technologien basieren[25]:

Web- und computerbasierte Trainingsanwendungen: Lernprogramme, die vom Lernenden zeitlich und räumlich flexibel genutzt werden können.

Autorensysteme: Entwicklungswerkzeuge für die Erstellung von digitalen Lernangeboten.

Learning Management Systeme: Lernplattform die Verwaltungsmanagement, Lehr- und Lernprozesse bis hin zur Ressourcenadministration alles abdecken und unterstützen kann.

Learning Content Management Systeme: Erstellen, Wiederverwenden, Auffinden, Nachbearbeiten und Ausliefern von Lerninhalten.

Content Kataloge: Austausch von kompletten Kursen bis hin zu Rohmaterialien.

Darüber hinaus gibt es noch Simulationen, digitale Lernspiele und Videokonferenz/ Teleteaching.

Formen

Es gibt sehr viele Formen des E-Learnings[26]:

Content Sharing: Lerninhalte werden ausgetauscht.

Learning Communitys: Personengruppen die gleiche Ziele und/ oder fachliche Interessen haben können ihr eigenes Wissen einbringen und somit wird die Wissensbasis über gemeinsame Lernprozesse erweitert und angepasst.

Virtual Classroom: Virtuelles Klassenzimmer

Blended Learning: Mischung aus Präsenzveranstaltungen und E-Learning

Computer Supported Cooperative Learning: Kooperatives Lernen durch den Einsatz von computergestützten Informations- und Kommunikationssysteme.

Web Based Collaboration: Zusammenarbeit an einer Lernaufgabe einer Gruppe von Personen über das Internet.

Whiteboard: Virtuelle Tafel die über ein Netzwerk zur Verfügung gestellt wird und auf der Skizzen von den Benutzern erstellt und betrachtet werden können.

Business TV: Ein exakt auf die Zielgruppe zugeschnittenes Fernsehprogramm

Rapid E-Learning: Verschlankung von Produktionsprozessen im Vordergrund=> Erstellungsprozess wird vereinfacht, verkürzt und verbilligt.

Mikrolernen: Lernen in vielen kleinen Lerninhalten und in kurzen Schritten

3D Infrastruktur Plattformen: Zusammenwachsen von „Spielen & Lernen" durch virtuelle Charaktere in virtuellen Welten.

Das Lernen per Online Community kann als eine Form des E-Learning verstanden werden, wobei sie sich wieder in Unterformen gliedern lässt.

Welche Methoden finden in Online Communities ihre Anwendung?

Gruppen- Experten- Rallye

„Die Gruppen-Experten-Rallye ist eine Methode, bei der Lernende gleichzeitig auch als Lehrende agieren. Es werden Stamm- und Expertengruppen gebildet, wobei die Lerner sich erst eigenverantwortlich und selbstständig in Gruppenarbeit exemplarisch Wissen über einen Teil des zu bearbeitenden Themas erarbeiten, welches sie dann in einer nächsten Phase ihren Mitlernern in den Stammgruppen vermitteln. Alle erarbeiten sich so ein gemeinsames Wissen, zu dem jeder einen Beitrag leistet, so dass eine positive gegenseitige Abhängigkeit (Interdependenz) entsteht, wobei alle Beiträge wichtig sind. Wesentlich an der Methode ist es, dass jeder Lerner aktiv (d.h. in einer Phase auch zum Lehrer) wird. Ein Test schließt als Kontrolle das Verfahren ab und überprüft die Wirksamkeit. Die Methode wird auch Gruppenpuzzle genannt." [27]

Gruppenarbeit [28]

Wie Einzelarbeit oder Partnerarbeit, nur besteht das Team aus mehr als 2 Personen. Umso größer das Team wird, umso mehr kann erarbeitet werden. Anderseits steigt das Risiko, dass Beteiligte sich in der Gruppe „unwichtig" vorkommen und folglich nichts tun. Ebenso muss mit steigender Größe die Teamregeln umso mehr eingehalten werden, damit das Team noch gut funktionieren kann.

Anchored Instruction [29]

Bei dieser Lehrmethode sind die vom Lehrenden gegebenen Instruktionen wichtig. Sie stehen im Vordergrund und dienen als Art Anker auf einem roten Faden. Diese Anker sollen Interesse für ein Thema wecken. Durch eine gute Auswahl an Ankern wird die Möglichkeit gegeben, eigenständig und explorativ Probleme zu erkennen, zu definieren und zu lösen.

Briefmethode [30]

Die Briefmethode bedient, wie der Name schon vermuten lässt, sich einem uns allen bekanntem Konzept. Der Brief wird von XY an YZ geschrieben. Dabei schreibt XY einen für YZ verständlichen Inhalt auf eine Art und Weise, die YZ versteht. Dafür muss aber XY die Person YZ kennen bzw. sich ein wenig in sie hineinversetzen können. Im Unterricht versetzt sich der Schüler in die Lage von XY, der YZ einen Brief schreiben will und muss überlegen, wie XY denkt und einen Brief schreiben würde, was er schreiben würde, und wie er es für YZ zu Blatt bringen würde.

Coaching

Beim Coaching ist der Lehrende ein dem Lernenden beistehender „Gehilfe", der beobachtet, den Lernenden betreut bzw. bei Problemen und Fragen zur Verfügung steht.

Moderation [31]

Moderation wird vor allem bei Diskussionen, Brainstormings und dergleichen gebraucht, sprich dort, wo mehrere Menschen diskutieren und eine gewisse Ordnung, Aufzeichnung der gesammelten Informationen,... stattfinden muss.

Gruppendiskussion [32]

Mehrere Menschen diskutieren und tauschen sich aus.

Kognitive Lehre [33]

Bei dieser Methode durchläuft der Lernende 4 Phasen, die ihn vom „Lehrling" zum „Meister" führen soll. Nach und nach wird der „Lehrling" durch die 4 Phasen selbstständiger und sicherer, bis er als „Meister" schlussendlich das vom Lehrenden Beigebrachte selbst ausführen kann.

1. Modeling: Vorführen durch den Lehrenden

2. Scaffolding: unterstützte Eigentätigkeit des Lernenden durch den Lehrenden

3. Fading: Nachlassen der Unterstützung durch den Lehrer bei steigender Kompetenz der Lerner

4. Coaching: betreutes Beobachten

eLearning [34]

Beim eLearning werden elektronische Methoden oder Mittel zum Lernen verwendet. Beispielsweise Foren, Online- Lernplattformen, CMS, PDF,... .

Problem-Based Learning

Unter Problem-Based Learning wird eine Lehrmethode verstanden, bei der ein Problem im Vordergrund steht, das es zu lösen gilt. Dieses Problem dient zugleich auch als Lernziel bzw. spiegelt den Lerninhalt wider.

Rollenspiele [35]

Das Rollenspiel lässt sich bei fast jeder Altersgruppe einsetzen. Jeder Teilnehmer schlüpft in eine Rolle und befolgt dessen „Regeln" und Verhaltensweisen. Diese Methode fördert nebenbei die Selbst- und Fremdbeobachtungsfähigkeit.

Distributed Cognition

„Dabei handelt es sich um Arbeitssysteme, bei denen mehrere Personen und Gegenstände der materiellen Umwelt*, meistens Computer oder Messgeräte, miteinander interagieren um eine Aufgabe auszuführen"[36].* Dabei ist Wissen auf verschiedene Personen verteilt und wird durch kooperatives Arbeiten zusammengetragen[37].

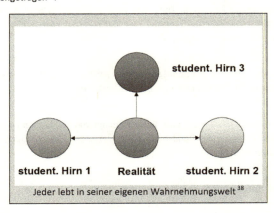

Jeder lebt in seiner eigenen Wahrnehmungswelt [38]

„Distributed Cognition richtet die Aufmerksamkeit auf den Kontext, in dem gelernt wird, da Lernen immer als sozialer Akt gesehen wird, der in eine bestimmte Umgebung eingebettet ist"[39].

Pro- und Kontra- Debatte

Unter einer Pro- und Kontra Debatte versteht man eine Diskussion, bei der die Vorteile und Nachteile vorgetragen, aufgelistet, diskutiert und abgewogen werden.

Mischen der Methoden

Beim Lernen in Online Communities wird der konstruktivistische Ansatz verwendet. Typisch dabei ist unter anderem, dass der Lernende sich sein Wissen selbst konstruiert und weitgehend die Steuerung und Kontrolle des Lernprozesses übernimmt. In der Regel gibt es viele Meinungen und Sichtweisen zu einem Thema. Der Lernende konstruiert sich seine eigene Sicht, indem er einerseits versucht korrekte Sichtweißen zu erkennen und falsche auszublenden. Anderseits, indem er das Wissen mit anderen und sich selbst aushandelt.

Beim Aushandeln kommen viele Methoden zum Einsatz, wobei die wichtigsten auf den Seiten zuvor behandelt wurden. Grundsätzlich wird auf die „Gruppen Experten Rallye" aufgebaut. Es gibt Experten die sich gut auskennen und ihr Wissen mit andreren Teilen. Lernende Novizen können sich dieses Wissen aneignen, es selbst konstruieren und anschließend an andere weitergeben oder ausdiskutieren. Diskussionen laufen in Form von Gruppendiskussionen ab, beinhalten oft auch eine Pro und Kontra Debatte des Wissens und dessen Korrektheit. Damit dies nicht ausufert, wird oft die Methode der Moderation angewandt. Briefmethode und die Methode des Rollenspiels können den anderen helfen, einen zu verstehen bzw. dem Gegenüber leichter klar zu machen was man meint.

Geht es nicht so sehr darum direktes Wissen zu vermitteln sondern vielmehr dem Lernenden einen roten Faden für den Lernprozess vorzugeben, kommen Methoden wie Anchored Instruction, Coaching, Kognitive Lehre oder Problem-Based Learning zum Einsatz.

Lernen in Onlinecommunitys – Die Sonnenseite

In diesem Kapitel wird auf die positiven Seiten von Online Communities eingegangen. Am Anfang werden die Grundvorrausetzungen besprochen, warum Menschen nicht nur nehmen sondern auch geben, und welche Vorteile Online Communities im Zusammenhang mit Lernen aufweisen.

Anschließend wird auf die wichtigsten Aspekte wie Zugänglichkeit, Zugehörigkeit und wie sie entsteht, die Funktionen und wie sie die Community unterstützen kann, die Relevanz von Beiträgen und die Kommunikation, eingegangen.

Am Schluss wird auf die wirtschaftliche Seite von Online Communities eingegangen, die einerseits darauf eingeht welche Chancen sie für die Bildung und Weiterbildung im Berufsleben darstellt, aber auch wie mit Online Communities Geld gemacht werden kann, welche Voraussetzungen es dafür gibt und wie man die Chancen steigern kann.

Grundvoraussetzungen

Die Technologie ist nicht dazu da, Wissen zu erstellen, sondern den Prozess des Wissenserstellen und Wissensverteilen demokratisch zu machen. Folgende Grundsätzliche Regeln sind zu beachten, um ein gutes Wissensmanagement aufbauen zu können[40]:

1. Lernende müssen sich für das Thema interessieren und Abweichungen zu anderen anerkennen, um effizient Lernen zu können.

2. Ständiges Steigern der Sorgfalt im Zusammenhang mit Wissen und der Kommunikation ist wichtig.

3. Nicht jedes Wissen stimmt! Es muss gefiltert werden, um schlechtes oder falsches Wissen zu eliminieren.

4. Technologie und deren Benutzung ändert sich von Zeit zu Zeit. Das grundlegende Wissen muss daher neu interpretiert werden.

Effizientes Management des Wissens ist wichtig und folgende Punkte werden dabei durchgeführt[41]:

1. Wissen sammeln

2. Wert des Wissens steigern indem es verändert, restrukturiert und getrimmt wird.

3. Wissen abgrenzen, einordnen und klassifizieren.

4. Wissen verteilen

5. Andere finden, die auf das Wissen aufbauen, es überarbeiten,...

Dabei sind die 5 Punkte in sehr kurzer Zeit machbar, wodurch topaktuelles Wissen innerhalb paar Minuten zur Verfügung gestellt werden kann. Dadurch gibt es keinen Vorlauf wie man es beispielsweise beim E-Learning hat, da dort in der Regel Materialien aufwendiger und aus pädagogischer Sicht korrekt aufgearbeitet werden, was folglich auch um einiges länger dauert[42]. Daher bieten sich Online Communities sehr gut für kurzlebige Informationen an, bei denen beim Erscheinen von Unterlagen in anderer Form, beispielsweise Bücher, Papers, E-Learning Kursen,... sie schon längst veraltet wären.

Eine gute Lernumgebung sollte folgende 4 Komponenten inkludieren[43]:

1. Aktivitäten des Lernenden

2. Motivierender Kontext

3. Interaktion mit anderen

4. Gut strukturierte Wissensdatenbank

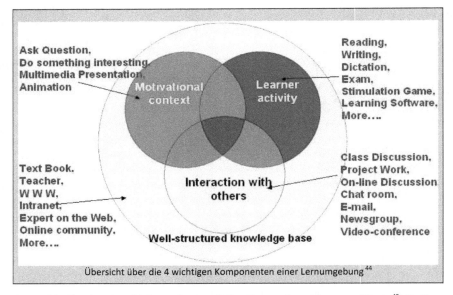

Übersicht über die 4 wichtigen Komponenten einer Lernumgebung[44]

Der soziale Charakter ist wichtig, um in einer Online Community gut lernen zu können[45]! Darüber hinaus ist auch nicht außer Acht zu lassen, dass durch Unterhaltungen und andere soziale Kommunikationen viel gelernt und aus einer anderen Perspektive betrachtet werden kann[46]. Aber auch die beste Plattform bringt nichts, wenn der Lernende nicht motiviert ist, oder sich nicht mit der Technologie auskennt[47]!

Geben und Nehmen

Jede Online Community lebt vom Prinzip „Geben und Nehmen". Es muss User geben die Wissen geben und nicht nur nehmen. Gibt es nur User die nehmen und keine, die geben, gibt es nichts zu nehmen und die Community stirbt. Ebenso wichtig ist ein gesundes Verhältnis zwischen Geber und Nehmer zu haben, damit sich die Geber nicht ausgebeutet fühlen.

Haben User das Gefühl etwas zur Community beitragen zu können, zu der Online Community dazu zu gehören und fürs Geben ebenfalls etwas dafür „zurück" zu bekommen, bringen sie sich eher ein als wenn sie das Gefühl haben, niemals etwas zurück zu bekommen, ausgenutzt zu werden oder nicht dazu zu gehören. Mit dem Thema Zugehörigkeit gibt es später noch eine detaillierte Auseinandersetzung.

In einem Forum für Studierende antworteten circa 80%[48] der befragten auf die Frage wie sehr die Online Community zum Studiumserfolg beiträgt, dass es voll oder sehr zutrifft.

Beinahe so viele User der Online Community meinten auch, dass sie nicht nur abschreiben.

Umfrage zum „Geben und Nehmen" Verhältnis[50]

Ähnlich viele User bringen sich aktiv ein und stellen beispielsweise Fragen.

Umfrage zum Umgang mit Fragen die der User hat[51]

Wie die beiden folgenden Grafiken zeigen gibt es eine gute Mischung aus Geben und Nehmen.

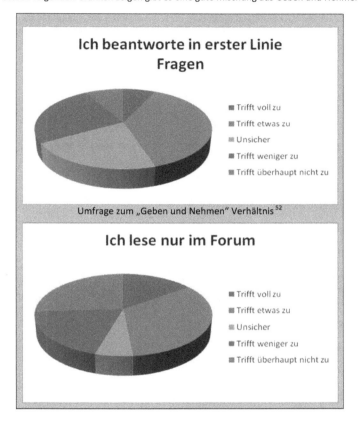

Umfrage zum „Geben und Nehmen" Verhältnis[52]

Damit es aber nicht nur Konsumenten sondern auch Produzenten gibt, sollte in einer gute Online Community das Geben gefördert oder belohnt werden. Doch dazu muss man wissen, welche grundsätzlichen Aspekte und Motivationselemente fürs Geben bestehen. Neben der Zugehörigkeit zur Community (dazu später mehr) gibt es viele weitere Motivationselemente der User, Wissen und Informationen der Online Community bereitzustellen[53]:

- Nächstenliebe
- Selbstlosigkeit
- Erwartete/ erhoffte Gegenseitigkeit (wenn man etwas braucht, wird man es dann auch bekommen)
- Erhöhte Sichtbarkeit innerhalb der Community
- Selbstverwirklichung
- Selbstdarstellung
- Selbstvertrauen (steigern)
- (Soziale) Kontakte vertiefen
- (Soziale) Kontakte finden
- Weil es Spaß macht
- Neugier
- Anerkennung
- Weiterbildung

Vor allem wenn Online Communities im Unterricht eingesetzt werden, sind folgende Aspekte wichtig[54]:

- Einstellung der Schüler/ Studenten
- Vertrautheit mit Technologie
- Sorgfältige Klassenplanung

Lernen wann ich will, was ich will, wie ich will und wo ich will

Ein großer Vorteil des Internets ist, dass es keine Öffnungszeiten kennt. Dadurch kann gelernt werden wann man will. *"The web is increasingly being used as a collaborative medium to connect and link people across organizational, temporal, and geographic boundaries."* [55]

Da man sich selbst sein Wissen konstruiert, dieses auf beliebigen Seiten und Communities zusammensucht und auf eine Art und Weise, wie es einem beliebt, kann gelernt werden was man will, wie man will, und wo man will. Dadurch ist ein individuelles Lernen je nach Vorkenntnis, Lerntempo, Reihenfolge der Lerninhalte,….möglich. Unterschiedliches Vorwissen der jeweiligen Lernenden kann somit besser ausgeglichen wird. Ebenso sind Aufnahmekanäle für jeden Lerntyp vorhanden, beispielsweise Lesen, Audio, Video, Animation,….

Indem die Online Community die man aufsucht, selbst ausgesucht werden kann und dies über das Internet geschieht, kann ein weltweiter Austausch über Grenzen, Kulturen, Religionen, soziale Hierarchien,... hinweg durchgeführt werden. Auf Grund der Technologie Internet kann dieser Austausch auch schnell vonstattengehen: während beispielsweise Briefe Tage bis Wochen brauchen, ist dank des Internets der Austausch innerhalb einiger Sekunden erledigt.

Im Alltag bringt das 3 große Vorteile mit sich[56]:

1. Zeitliche Flexibilität

2. Man muss nicht die Arbeit oder das Zuhause verlassen, da die Online Communities, Content und Materialien von überall abrufbar sind.

3. Zeitgleiche oder zeitnahe Ereignisse wie Abgaben oder Prüfungen können einfacher gehandhabt, kombiniert und in den täglichen Ablauf integriert werden.

Interessant sind auch die vielen Informationen, vor allem sehr spezielle, die es exklusiv in Online Communities gibt oder dort gesammelt und ausgetaucht werden. Aktuell z.B. Soldaten die unzensiert „live" im Internet mit Blogs, Fotos, Videos,... von der (Irak und Afghanistan) Front berichten. Oder Aufständische im Iran, die Twitter und andere Technologien verwenden um Informationen, die sonst nicht außer Lande kommen würden, nach außen tragen zu können. Erwähnenswert in dem Zusammenhang ist auch die Online Community Wikileaks, auf der seit 2006 unzensiert meist sehr brisante Informationen veröffentlicht werden können.

Die folgende Grafik zeigt gut, dass die Mehrzahl der Benutzer am liebsten die Internetverbindung zuhause verwendet um in Ruhe zu lernen.

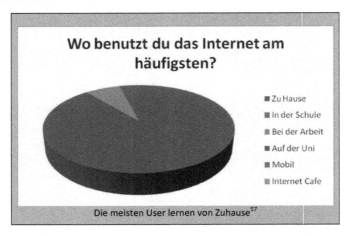

Wo benutzt du das Internet am häufigsten?

- Zu Hause
- In der Schule
- Bei der Arbeit
- Auf der Uni
- Mobil
- Internet Cafe

Die meisten User lernen von Zuhause[57]

Einige User, wenn auch nicht viele, benutzen mittlerweile mobile Devices wie Handy, MDA, PDA,...
zum Lernen.

Nur wenige User besuchen das Forum über mobile Devices[58]

Die meisten User sind mit der Darstellung auf mobile Devices zufrieden, wenn auch
Verbesserungspotential besteht.

Die Mehrheit der User ist mit der mobilen Darstellung zufrieden[59]

Zugänglichkeit

Grund für die gute Zugänglichkeit sind einerseits die Grundvoraussetzung für Online Communities: in fast jedem Haushalt ist ein PC mit Internetverbindung zu finden[60]. Neue Technologien und ein immer einfacherer Zugang zu ihnen ermöglicht es Usern, die früher nicht in Kontakt mit Online Communities kamen, jetzt einen Zugang zu ihnen[61]. Dies spiegelt sich beispielsweise auch im derzeitigen Boom der Social Communities und Wikis wider[62].

Anderseits lernen Kinder von Anfang an mit PCs umzugehen, womit eine größerer PC- Akzeptanz vorherrscht.

Ein konkreter Vorteil von Online Communities ist auch, dass sie in der Regel Betriebssystem und PC unabhängig sind. Lediglich eine Internetverbindung und ein Browser wird benötigt, um weltweit auf Online Communities zugreifen zu können.

Eine Installation, wie es bei den meisten Programmen und Lernprogrammen der Fall ist, fällt weg. Es muss lediglich ein Webbrowser gestartet werden, die Seite der Online Community aufgerufen werden, gegebenenfalls auf der Seite eingelogged werden, und das war es!

Aber auch Online Communities und deren dahinterstehenden Technologien wurden für den Enduser vereinfacht. Beispielsweise unterstützt fast jede Plattform WYSIWYG, während sich früher User noch mit HTML Code herumschlagen mussten.

Speichern wie man es von Programmen gewöhnt ist, fällt auch weg. Sendet man Informationen oder Content an die Plattform, wird dieser automatisch gespeichert und in die bestehende Plattform eingepflegt. Ebenso entfällt das sonst mühsame Erstellen von Backups, da der Plattformbetreiber es (hoffentlich!) macht. Doch birgt dies auch einige Probleme, auf die später noch näher eingegangen wird.

Dank verbesserter Technologin vereinfachten sich Online Communities auch optisch. Dadurch wurde eine verbesserte Übersicht, Navigation und Benutzbarkeit erreicht. Wo was in einer Online Community zu finden ist und wie was geht ist einfacher als jemals zuvor.

Die folgenden Grafiken zeigen gut, dass die gesuchten Foren schnell gefunden werden und wie sehr die Benutzer mit der Übersichtlichkeit de Foren zufrieden sind.

Eingeschränkter Nutzerkreis vs. offener Benutzerkreis

Eine grundsätzliche Frage jeder Community ist, egal ob online oder real, wie offen sie sein soll. Umso offener sie ist, desto höher ist die Chance eine große Mitgliederanzahl zu erreichen. Anderseits steigt auch die Gefahr, „Probleme" mit ins Boot zu nehmen und nur sehr eingeschränkt etwas dagegen tun zu können. Ebenfalls steigen die Anforderungen an Technik und Server stark an.

Wie wichtig die Zugehörigkeit und die Identifikation mit einer Online Community im Zusammenhang mit dem Lernerfolg ist, zeigt folgende Grafik aus einer Studie[64].

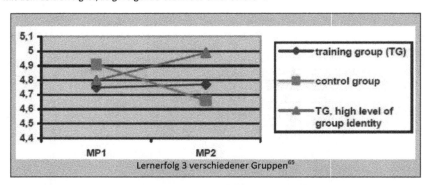

Lernerfolg 3 verschiedener Gruppen[65]

Man sieht sehr gut, wie die Gruppe mit hoher Identifikation (TG grün dargestellt) einen höheren Lernerfolg aufweist als die Gruppe mit normaler Identifikation (TG blau dargestellt), die das „Lernen" lernte. Die Kontrollgruppe (rosa dargestellt), die im Gegensatz zur Gruppe mit normaler Identifikation das Lernen in Online Communities nicht lernte, hatte scheinbar Probleme beim Lernen.

Zielgruppe

Grundsätzlich stellt sich bei fast allem, sei es ein Projekt oder ein Produkt, aber auch einer Online Community die Frage der Zielgruppe: „Wer soll angesprochen werden?".

Im Zusammenhang mit Online Communities kann allein über die Zielgruppe und deren gemeinsamen Interessen ein gewisses Zusammengehörigkeitsgefühl geschaffen werden. Wichtig dabei ist, einerseits Neulingen einen einfachen Zugang in die Community zu ermöglichen, andererseits aber auch für „Veteranen" interessant zu bleiben[66].

Umfrage zur Ausrichtung eines Forums?[67]

In einem Forum für Studenten gab die Mehrzahl der Mitglieder an, selbst Student zu sein, was auch nicht verwundert, da es der Zielgruppe der Online Community entspricht.

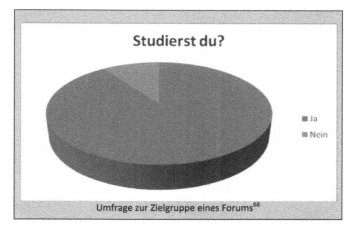

Umfrage zur Zielgruppe eines Forums[68]

Die Zielgruppe spiegelt sich aber auch indirekt bei der Frage „Wie bist du auf das Forum gestoßen?" wieder. Die Mehrheit der User kennt die Online Community aufgrund anderer Mitglieder die ebenso der Zielgruppe angehören.

Die meisten kennen das Forum über Kollegen und Freunde[69]

Die Zielgruppe lässt sich auch leicht anhand der Antworten auf die Frage, „Welche Foren benutzt du am meisten?" erkennen.

Viele verwenden hauptsächlich die Fachbereiche[70]

In der Grafik oben ist gut erkennbar, dass eindeutig Fach- und somit Zielgruppenspezifische Foren als erste Wahl genannt wurden. Fachforen und Kommunikative Foren wurden an zweiter Stelle am meisten genannt (siehe unten).

Aber auch kommunikative Bereiche sind beliebt[71]

An dritter Stelle sieht man sehr gut, dass es zu einer breiten Streuung kommt und fast alle Bereiche gleich beliebt sind.

Erst bei der dritten Stelle kommt es zu einer großen Streuung[72]

Ausrichtung

Die Zielgruppe einer Online Community muss auch in der inhaltlichen Ausrichtung erkennbar sein. Handelt es sich um eine fachliche Online Community werden fachliche und kompetente Inhalte im Vordergrund stehen. Hingegen bei einer sozialen Online Community wird fachlicher Content eher störend sein und die soziale Interaktion und Kommunikation sowie das Halten der Kontakte im Vordergrund stehen.

Kompetente Antworten sind wichtig[73]

In einem Fachforum wurde die Frage gestellt, wie sehr die Mitglieder der Online Community die Plattform primär als Job- und Verkaufsbörse benutzen. Aufgrund der zuvor erläuterten Gründe gab die eindeutige Mehrheit der User an, die Online Community aus anderen Gründen zu nutzen (um fachliches zu lernen und sich in diesem Bereich auch auszutauschen).

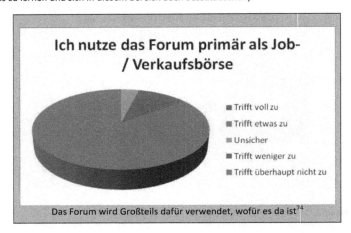

Ich nutze das Forum primär als Job- / Verkaufsbörse

- Trifft voll zu
- Trifft etwas zu
- Unsicher
- Trifft weniger zu
- Trifft überhaupt nicht zu

Das Forum wird Großteils dafür verwendet, wofür es da ist[74]

Häufige Nutzung

Eine regelmäßige Nutzung führt ebenso dazu, ein gewisses Zugehörigkeitsgefühl zu entwickeln. Darüber hinaus entwickeln die User ein höheres Gefühl, etwas gelernt zu haben: *„Students who perceived high social presence in the online discussions also believed they learned more from it than did students perceiving low social presence."*[75]

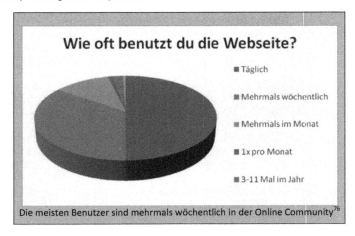

Wie oft benutzt du die Webseite?

- Täglich
- Mehrmals wöchentlich
- Mehrmals im Monat
- 1x pro Monat
- 3-11 Mal im Jahr

Die meisten Benutzer sind mehrmals wöchentlich in der Online Community[76]

Auch Freundschaften können entstehen, wenn auch nicht sehr oft.

Im Forum sind schon Freundschaften entstanden

- Trifft voll zu
- Trifft etwas zu
- Unsicher
- Trifft weniger zu
- Trifft überhaupt nicht zu

Es entstehen auch einige Freundschaften[77]

Eingehen auf Individuen

Auch wenn es in der Theorie ein ständiges Kommen und Gehen gibt ist es meist so, dass wenn man „seine" Online Community gefunden hat, für Jahre oder „ewig" dort bleibt. Die wichtigsten Personen der Online Community kennt man dadurch, ebenso wie die Mitglieder im „eigenen" Bereich, indem man sich meistens aufhält. Dadurch kann auf die Individuen besser eingegangen werden, sich näher kennen lernen, und auch gezielter helfen und Tipps geben, was wiederum das soziale Gefüge und Zusammengehörigkeitsgefühl steigert.

Aber auch auf Neulinge kann und sollte individuell eingegangen werden. In der Praxis funktioniert es meist recht gut, da durch die gemeinsame Zielgruppe, Zielsetzung, Interessen,… eine Grundlage da ist, auf die leicht aufgebaut werden kann. Die Individualisierung und das Eingehen auf konkrete Probleme, Fragen, Informationen,… ist sicher eines DER großen Vorteile, die eine Online Community mit sich bringt. Vor allem im Zusammenhang mit Lernen ergibt sich eine gute Kombination, die zu einem produktiven und individualisierten Lernprozess führt.

Funktionen der Plattform

Die Funktionen der Plattform sollen einerseits die Kommunikation unterstützten, da Kommunikation ein wesentlicher Eckpfeiler jeder Community ist, aber anderseits auch die Bedürfnisse der Zielgruppe erfüllen. Ebenfalls sollten im Idealzustand alle Lehrmethoden, Lernmethoden und Lerntypen in einer Online Community mit dem Fokus auf Lernen machbar sein und den Usern zur Verfügung stehen.

In der Praxis oft problematischer ist die Frage der Zusatzfunktionen. Sollen den Usern nur die Funktionen zur Verfügung stehen die sie wirklich brauchen oder auch jene, die technisch möglich sind aber nicht mehr zur Zielgruppe dazu gehören bzw. von ihr verlangt werden?

Auf die Frage hin "Spielst du hier im Forum die Spiele?" meinte die Mehrzahl der User in einem Fachforum, dass sie dies nicht tun. Sollte in dem Fall trotzdem die Spiele- Abteilung weitergeführt, geschweige ausgeweitet werden?

Grundsätzlich ist es immer wichtig die Zielgruppe und deren Bedürfnisse im Auge zu behalten, und sich auch darauf zu fokussieren[79]. Umfragen können dabei helfen z.B. durch die Frage ob eine neue Funktion erwünscht ist, oder nicht. Bei einer Umfrage in einem Fachforum wurde beispielsweise deutlich klar, dass die Mitglieder kein Fotoalbum (als neue Funktion) haben wollen.

Die technische Plattform muss die Grundbedürfnisse und Gepflogenheiten der Online Community abdecken. Technisch gesehen muss dabei die Lernumgebung folgende Grundvoraussetzungen erfüllen:

- Wissen sammeln

- Archivieren

- Managen

- Evaluieren

- Verteilen und veröffentlichen

Im Bereich der Informatik stellt sich immer die Frage, ob man auf den neusten technologischen Zug aufspringt, oder lieber auf Altbewährtes setzt.

Hast du RSS Feed abonniert?

Ja
Nein

Viele User benutzen die neuen Technologien nicht[81]

Ebenso spielt nicht nur die Software, sondern auch die zur Verfügung stehende Hardware, Architektur und Anbindung eine große Rolle. Eine wichtige Frage ist beispielsweise wie viel Content, in welcher Form und in welcher jeweiligen Größe User auf den Server stellen, bearbeiten und herunterladen können, damit die Plattform auch für viele User gleichzeitig gut und stabil läuft. Multimedialer Inhalt kann deutlich beim Lernen helfen und vor allem beim Verstehen von Zusammenhängen. Genauso wie Simulationen abstrakte Inhalte leicht verständlich und interaktiv anschaubar machen. Doch ist dies für die Zielgruppe erforderlich, in welchem Ausmaß, und schaffen die Serverkapazitäten es auch?

Relevanz von Informationen

Ein immer größer werdendes Problem ist die immense Datenflut, mit der wir täglich konfrontiert werden. In Online Communities ist es genauso. Bei einer aktiven Online Community ist es sehr schwer am aktuellen Stand zu bleiben, den Überblick zu behalten und zu wissen, was relevant ist.

Umso wichtiger ist es, vor allem wenn der Fokus einer Online Community auf Wissen oder Lernen liegt, einerseits gute, andererseits relevante Informationen zu finden. Dabei können die Funktionen einer Plattform helfen, aber auch die User an sich.

Interessante Technologien wie beispielweise die Firefox Erweiterung „Web of Trust" warnen den Benutzer vor bösen Webseiten. Funktionen von vielen Antivirenprogrammen warnen ebenso andere User vor neuen Viren. Dabei beschließt die breite Masse an Usern, wie gut, gefährlich oder relevant etwas ist. Doch birgt dies auch einige Gefahren, auf die später noch näher eingegangen wird.

In bestehenden Online Community kann auch, in der Regel durch Funktionen, die Relevanz von Informationen angezeigt, sortiert oder gefiltert werden. Meistens geschieht dies durch statistische Verfahren (z.B. was anderer sich ansahen), durch Algorithmen die das eigene Interesse „erkennen", indem sie Vorlieben in der Vergangenheit analysieren. Oder wie zuvor anhand des Beispiels „Web of Trust" gezeigt, indem die einzelnen Community Mitglieder sagen, was für sie wichtig ist und was für sie unwichtig ist. Aufgrund der gemeinsamen Interessen werden diese Bewertungen mit großer Wahrscheinlichkeit auch für einen selbst zutreffen[82].

Bei letzterem Verfahren gibt es entweder, wie bei YouTube, die Möglichkeit Punkte zu vergeben (wie gut es einem gefällt), ein „Gefällt mir" oder „Gefällt mir nicht" zu vergeben, es abzuspeichern und somit für das System als empfehlenswert zu markieren, oder eine Mischung aus vielen Überlegungen.

In einem Fachforum für Informatik gibt es beispielsweise einen Knopf, mit dem man sich für die einzelnen Beiträge bedanken kann. Eine Umfrage zeigt, dass die meisten Nutzer diese Funktion kennen.

Viele kennen die Funktion um Beiträge als relevant zu markieren[83]

Viele benutzen diese Funktion nicht nur um auszudrücken, dass eine Information hilfreich ist, sondern fördern auch die Übersichtlichkeit, indem sie keine zusätzlichen „Vielen Dank für diese gute Information" Nachrichten erstellen.

Wie eingangs erklärt, wird diese Funktion in der Regel nicht nur zum Bedanken für gute Informationen verwendet, sondern gibt anderen Usern der Online Community einen raschen Überblick darüber, welche Nachrichten einen hohen Informationsgehalt haben und empfehlenswert zu lesen ist, und welche nicht.

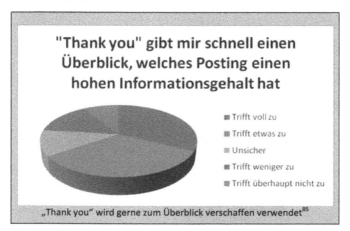

Deswegen findet auch die Hälfte der Befragten diese Erweiterung/ Funktion als eine der wichtigsten auf der gegebenen Plattform.

Ich finde, dass "Thank you" einer der wichtigsten Erweiterungen hier im Forum ist

- Trifft voll zu
- Trifft etwas zu
- Unsicher
- Trifft weniger zu
- Trifft überhaupt nicht zu

Viele Benutzer finden die „Thank you" Funktion als eine der wichtigsten[86]

Trotzdem kommt es nicht zu einem „Wissensmonopol". Einzelne gut bewertete Informationen werden stärker wahrgenommen, als wichtig und mit einem hohen Informationsgehalt eingestuft. Die hinter der Information stehende Person wird nicht so viel Beachtung geschenkt, sodass kein Wissensmonopol entsteht. User die ein Mal oder ein paar Male gute Informationen veröffentlichen, wird folglich kaum mehr geglaubt, als anderen Usern. Wichtiger scheint vielmehr die Bewertung der einzelnen Nachrichten zu sein.

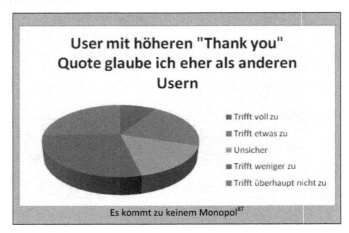

User mit höheren "Thank you" Quote glaube ich eher als anderen Usern

- Trifft voll zu
- Trifft etwas zu
- Unsicher
- Trifft weniger zu
- Trifft überhaupt nicht zu

Es kommt zu keinem Monopol[87]

Kommunikation

Die besten Lehr- und Lernmethoden bringen nichts, wenn dafür keine geeignete Kommunikationsmöglichkeit zur Verfügung steht. Dabei spielen natürlich die vom System zur Verfügung gestellten Funktionen eine wesentliche Rolle.

„Herzstück einer jeden Community sind die Kommunikationsinstrumente– je nach Vorliebe synchron oder asynchron. Gewählt werden kann zwischen Funktionen wie e-Mail, Chat, Newsgroups und Multi User Dungeons. Letzteres sind Programme, in die man sich einloggen kann, um dann interaktiv in einer textuellen oder auch grafischen Umwelt zu agieren. Lernorientierte Werkzeuge dagegen dienen zur Verwaltung oder Gestaltung von Lernmaterialien – seien es Multimediapräsentationen, Vorlesungen oder e-Learning-Kurse. Für den reibungslosen Ablauf des Community-Geschehens sorgen die arbeitsorientierten Werkzeuge: Mit ihrer Hilfe können beispielsweise die Zugangsrechte geregelt, Dokumente ausgetauscht und die Mitglieder verwaltet werden"[88].

Dabei stellen Kommunikationswege eine Basis da, die von den einzelnen Akteuren der Community genutzt werden können. Es scheint nicht so wichtig zu sein, ob die breite Masse sie als notwendig erachtet, sondern das diejenigen, die sie brauchen oder darüber gewisse Lernprozesse abwickeln wollen, es auch können.

Beispielsweise zeigte eine Umfrage, dass nur sehr wenige die Shoutbox, ein Art Chatsystem, nutzen. Die meisten empfinden die Shoutbox aber als sehr wichtig und dass es ein normales Chatsystem ersetzten kann.

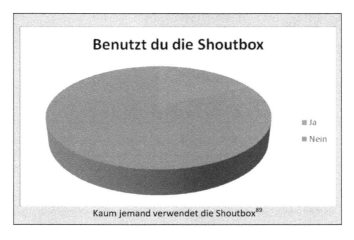

Benutzt du die Shoutbox

■ Ja
■ Nein

Kaum jemand verwendet die Shoutbox[89]

Trotzdem ist sie sehr nützlich[90]

Und ersetzt auch anderer Kommunikationskanäle[91]

Ebenfalls wichtig kann das Wiederverwenden und Verändern von Informationen in Online Communities sein. Vor allem in Gruppendiskussionen kann das Ergebnisse der Diskussion oder das derzeitige, temporärer Ergebnis somit aktuell und für alle übersichtlich gehalten werden, beispielsweise bei Wikipedia. Die Wiederverwendung ist ebenso eine wichtige Sache, da oft bei ähnlichen Themen gutes, ausdiskutiertes Wissen wiederverwendet und nicht neu konstruiert und strukturiert werden muss. An verschiedene Zielgruppen kann es ebenfalls leicht angepasst und adaptiert werden, was vor allem bei Lernkursen eine wichtige und kostengünstige Option darstellt.

Grundsätzlich können Kommunikationswege auch zu anderen Zwecken „missbraucht" und umfunktioniert werden. Beispielsweise kann ein Fotohoster auch zum Zwischenspeichern von nicht Fotos verwendet werden, Webhoster mit nicht Homepagecontent geflutet werden, Youtube zum Tausch von Musik verwendet werden, hinter Bilder Programme oder Archive versteckt werden, oder Online Communities zum Zwischenspeichern von privaten Dateien (am besten mit Passwort) zweckentfremdet werden.

Die wirtschaftliche Seite

Für Firmen sind Online Communities ein interessantes Thema. Einerseits, weil es in Online Communities oft Lösungen zu Problemen gibt, die während der Arbeit auftreten, somit schnell und kostenschonend von den Mitarbeitern gelöst werden können. Anderseits, da sich Online Communities gut zum Lernen anbieten. Für Unternehmen sind vor allem drei Arten von Communities interessant[92]:

1. Learning Communities: *„In Learning Communities treffen Personen mit geringem Vorwissen aufeinander, die zu einem neuen Thema Wissen erwerben wollen"*[93].

2. Communities of Practice: Arbeitsbezogener Austausch zwischen Experten, bei denen Ideen, Einsichten und Erkenntnisse ausgewechselt werden[94].

3. Community of Interes): *„Auch hier treffen Experten zusammen, die sich zu einem Thema austauschen. Allerdings sind es hier Fachleute verschiedener Couleur, und das Thema bzw. das Problem, das es zu lösen gilt, ist komplexer als in Communities of Practice. "*[95].

Die Vorgangsweise ist gegenüber der Vorgangsweise bei normalen Online Communities sehr ähnlich: *„Ein Community- Mitglied hat ein Problem oder eine Frage, die es allein nicht lösen kann. Diese Frage wird innerhalb der virtuellen Gemeinschaft zur Diskussion gestellt. Jetzt sind die übrigen Community-Mitglieder gefordert: Auf Basis ihrer eigenen Erfahrungen und ihres Wissens beraten sie den Hilfesuchenden, geben ihm Tipps oder Anregungen. Das Ergebnis dieses Austausches wird anschließend vom Hilfesuchenden evaluiert und in der Praxis getestet. Kann er das Problem nicht lösen, spiegelt er dieses negative Ereignis an die Gruppe zurück, und die Schleife beginnt von neuem. Das neue Wissen, das in diesem Prozess entsteht, wird dokumentiert und- beispielsweise in Form vom FAQs- der gesamten Community zur Verfügung gestellt"*[96].

Wie Geld machen?

Die wirtschaftliche Komponente sollte bei Online Communities nicht außer Acht gelassen werden, schließlich muss der Server und dessen Wartung, die Domain, die Internetanbindung, Strom und vieles mehr bezahlt werden. Grundsätzlich gibt es sehr viele Arten und Möglichkeiten Geld einzunehmen. Die wichtigsten Grundformen sind folgende[97]:

- **Crowdsourcing:** Lass andere arbeiten=> spart Kosten.

- **Langzeitgeschäft:** Mit der Zeit wird mehr und mehr Geld eingespielt.

- **Werbung**[98]

  o Banner

  o Popups

  o Werbemails

  o Bei Videos dauernde Werbungen oder Zwischenschaltungen von Werbungen

  o AdWords

- o   Layer Ad

- o   Interstitials: Werbung die während des Landen einer Webseite eingeblendet wird

- o   InText- Werbung

- Premium Memberships

- Beratung und Anpassung

- Hosting

Da die Geschäftsmodelle in der Regel eine große Anzahl an Usern voraussetzt, im Idealfall die User-Zahl stetig steigt, ist die Frage des Wachstums eine sehr wichtig, auf die jetzt aus verschiedenen Blickwinkeln näher eingegangen wird.

Wie wächst eine Online Community?

Viele zuvor besprochene und angeschnittene Faktoren sind im Zusammenhang mit Wachstum wichtig. Vor allem aber am Anfang ist es sehr schwer, ein gutes Wachstum zustande zu bekommen.

Am Anfang sind folgende Fragen und Faktoren wichtig[99]:

- Wie startet man am besten? Entweder erst, wenn die Plattform fertig ist oder lieber früher mit einer kleinen funktionierenden Plattform, die nach und nach vergrößert, ausgebaut, und durch neue Funktionen erweitert wird.

- Wie bekommt man die kritische Masse?

- Die Plattform muss schon eine gewisse Anzahl an User und Input aufweisen, damit wirklich ein großer Ansturm losbricht.

- User tendieren zu bestehenden Online Communities die schon funktionieren und reichlich Input aufweisen.

Wobei es folgende Erfolgsfaktoren gibt[100]:

- Ausreichende Teilnehmerzahl

- Definition und Kommunikation der Zielsetzung

- Integration der Nutzer bei der Gestaltung und (Weiter-) Entwicklung

- Entwicklung und Durchsetzung von Regeln und Ritualen

- Technisch Leistungsfähigkeit und Usability des Community- Systems

- Moderation und Steuerung

- Festlegung regelmäßiger Interaktions- Rhythmen

- Arbeit an authentischen Problemen

- Aufbereitung und Dokumentation des Wissens

- Vernetzung von realer und virtueller Welt

- Regelmäßige Evaluation der Prozesse und Ergebnisse

Deswegen ist ein 5 Phasen Plan sinnvoll[101]:

1. Thema finden

2. Struktur definieren (Ziele, Aufgaben, Kommunikationswege,…)

3. Plattform mit Informationen aufbauen und austauschen

4. Neue Informationen bekommen

5. Informationsanforderung ist abgedeckt und das „Ding" rennt

Grundsätzlich ist es aber so, dass durch folgende Methoden das Wachstum unterstützt werden kann[102]:

- Mundpropaganda

- Einladungen per elektronischen Medien (Mail, Facebook, Twitter,…)

    o Entweder von Mitgliedern der Online Community, die direkt Freunde einladen

    o Ausgehend von den Betreibern der Plattform

- Gutes Ranking bei Suchmaschinen

Interessante und gute Beispiele

Auf der Seite http://www.powerhousemuseum.com/befindet sich die Homepage eines Museums. Das Museum an sich, aber auch die Webseite, zeichnet sich durch den starken Einsatz von Web 2.0 Technologien aus, genauso wie Online Community Ideen und Funktionen die massenweise ihre sinnvolle Anwendung erfahren. Objekte können mit Tags versehen, geshared und kommentiert werden. Darüber hinaus ist die Webseite mit gängigen Web 2.0 Seiten wie Facebook, Flickr,… verlinkt.

Ähnlich ist die Seite http://museum30.ning.com/, wobei es hierbei vielmehr um die Zukunft von Museen allgemein geht, deren Ausrichtung und Vernetzung. Die Webseite baut auf eine Online Community auf die nicht nur diskutiert, sondern auch Fotos, Videos, Events, Gruppen, Chats, Blogs,… rund um das Thema zur Verfügung stellt.

Ein gutes Beispiel für Web 2.0 im Zusammenhang mit Online Community und Lernen ist die Seite http://community.pferde.de/ Vor allem der Content der Online Community wie Videos rund um das Thema, Fotos, Produkttest,… lassen diese Seite inhaltlich wachsen. Dadurch werden neue Mitglieder herangezogen, die wiederum neuen Content bestreuen, der wiederum die Online Community inhaltlich wachsen lässt und erneut neue User anlockt.

Ein interessantes Beispiel ist http://www.kochbar.de/. Grundsätzlich handelt es sich hierbei um eine Webseite eines TV Senders, der einige Kochshows anbietet. Auf der Webseite können die Rezepte aus den Kochshows nachgelesen und Videos zur Zubereitung der Speisen angesehen werden. Da aber die Webseite eine zweite Komponente, eine Online Community aufweist, die selbst neue Rezepte und Videos beisteuert, entsteht eine interessante Wechselwirkung.

Lernen in Onlinecommunitys – Die Schattenseite

Das Sprichwort „Wo viel Licht ist, ist auch viel Schatten" trifft auf fast alles zu, auch auf Online Communities. Deswegen wird in diesem Kapitel die Schattenseite von Online Communities, problematische Aspekte, die Grenzen von Online Communities an sich, aber auch in Kombination mit Lernen, behandelt.

Einerseits kann der Benutzer selbst für gewisse Probleme verantwortlich sein, aber anderseits können natürlich auch andere Menschen Verursacher von Problemen sein, die dann auf einem selbst Auswirkung haben. Zwischenmenschliche Probleme sind ebenso problematisch wie Probleme mit dem Content an sich. Durch die große Daten- und Reiz- Flut entstehen viele Probleme, die in Kombination mit der Relevanz und Richtigkeit von Content zu großen Problemen führen kann. Auf all diese Faktoren werden eingangs eingegangen.

Eine Online Community ist einer ständigen Veränderung ausgesetzt, die auch zu einer Veränderung der Ausrichtung einer Online- Community führen kann, ebenso zu wirtschaftlichen Probleme oder Kommerzialisierung der Community.

Am Schluss wird auf die zahlreichen Bereiche der Technik eingegangen, die zu Problemen führen können und möglicherweise das komplette aus einer Onlinecommunity bedeuten kann.

Hausgemachte Probleme

Urheberrecht

Urheberrechtsverstöße sind im Zeitalter des Internet sehr leicht und rasch begangen. Ein Text ist schnell kopiert und eingefügt, ein Magazin eingescannt, ein Bild fotografiert oder eingescannt, ein Lied gerippt und auf einen Server gestellt, ein Video ins Internet geladen und auf einer Plattform verlinkt. Rasch können auch Werke von anderen als die eigenen ausgegeben werden, was die meisten User nur 2 Klicks kostet! Dabei sind sich viele Benutzer nicht im klaren darüber, dass, nur weil etwas leicht und rasch geht, „alle es ja auch machen" und keine Warnglocke oder Kavallerie erscheint, wenn man etwas Unrechtes macht, sie etwas Verbotenes machen. Auch wenn viele Menschen in Online Communities denken, dass es sich dabei nur um ein Kavaliersdelikt handelt, wird man dabei erwischt, muss man oft lange und viel für dieses Vergehen bezahlen.

Jugendsünden

Nicht nur für Urheberrechtsverstöße kann man möglicherweise ein Leben lang zahlen. Wenn man sich anschaut, was man so alles im Internet finden kann drängt sich einem der Verdacht auf, dass scheinbar die meisten Benutzer nicht die Regel „das Internet vergisst nicht!" kennen. Vor allem in beruflicher Hinsicht können Jugendsünden auch Jahre später einem das Genick brechen, worauf später noch in einem eigenen Punkt näher eingegangen wird.

Leicht sind Bilder auf Partys gemacht, ins Internet gestellt, auf Plattformen verlinkt, und jeder weiß auf welcher Party man so die letzten Jahre war, dort ausgelassen und feuchtfröhlich gefeiert hat. Aber auch andere peinliche Fotos finden schnell und einfach ihren Weg ins Internet.

Nicht außer Acht zu lassen sind auch Eltern, die ganz stolz auf ihre Sprösslinge sind und nicht bedenken, dass, wenn sie Fotos ihrer Kinder beim ersten Mal Baden in der Badewanne online stellen oder ähnliches, gesetzlich gesehen Kinderpornografie verbreiten! Ebenso problematisch ist, dass leicht Wettkämpfe zwischen Eltern entstehen können die der ganzen Welt, vor allem aber anderen Eltern mit Kindern zeigen wollen, wie toll ihre Kinder sind. Oft werden Bilder und Videos vom Kind gemacht und online gestellt, ein eigener Account für das Baby oder Kind erstellt, mit den Bildern und Videos verlinkt, obwohl das Baby oder Kind weder zustimmt, davon weiß, geschweige die Möglichkeit hat, etwas dagegen zu machen. Andere Eltern wollen ebenfalls zeigen, dass ihr kleines Baby beispielsweise auch schon gehen kann, filmen das, stellten es ebenso ins Internet und „zeigen" somit den anderen Eltern, ihr Kind sei ja viel besser, toller und fortgeschrittener als die ihren.

Rückschluss auf die Person

Grundsätzlich ist es so, dass jeder „anonym" in einer Online Community sein kann. Trotzdem ist es so, dass viele Menschen mehr über sich preisgeben, als sie wollen und glauben. Rasch wird übersehen, welche Daten alle korrekt bei der Anmeldung auf einer Webseite angegeben wurde und für jeden einsehbar ist. Ebenso rasch ist vergessen, dass man Meinungen, Ansichten und Einblicke preis gibt, die viel Aufschluss über einen selbst geben. Oft kann die eigene politische, religiöse, ethnische,... Haltung aus verschiedenen Beiträgen und der dort geschilderten Sicht abgeleitet werden.

Aber auch über das Verhalten kann viel Aufschluss gegeben werden. Beispielsweise können auf den meisten Lernplattformen die Tutoren, Assistenten, Professoren,... jeden Schritt der Lernenden verfolgen und wissen beispielsweise, wann Sachen abgegeben wurden, wie oft es überarbeitet wurden, was, wie jeder Schritt aussah, wann die Unterlagen für die Prüfung gedownloaded wurden und vieles mehr. Der Lernende bleibt im Irrglaube, frei und unbeobachtet zu sein, deshalb tun und lassen zu können was er will, auch wenn die Realität anders aussieht und er von dem Lehrenden auf Schritt und Tritt kontrolliert und beobachtet wird.

Probleme mit dem Arbeitgeber

Wie zuvor erwähnt vergisst, das Internet nichts. Weder die Jugendsünden, noch sonstigen Content den man so im Leben produzierte. Wird eine Verbindung zwischen Content und Person aufgebaut, kann es vor allem im beruflichen Bereich gefährliche Dimensionen annehmen. So kann es leicht vorkommen, da die meisten Arbeitgeber mittlerweile im Internet nach „Spuren" der Job- Bewerber suchen, auf viele brisante Sachen stoßen, die eine Anstellung verhindern. Ist man politisch komplett anderer Meinung oder gibt es tausende Partyfotos mit eindeutigen Posen zu finden, kann das schnell das Aus bei einer Bewerbung bedeuten.

Aber auch Menschen mit einem Job kann es treffen: ist man offiziell krank, besucht dann aber Partys oder geht sonstigen Aktivitäten nach, die man krank wohl lieber nicht machen sollte, und es landet in Form von Bildern, Videos, Texten,... in den darauf folgenden Tagen im Internet, kann das schnell den Job kosten[103]. Ebenso verhält es sich mit schlechter Meinung über den Job, Kollegen oder den Chef[104].

Lernen muss gelernt werden

Der Faktor „Lernen muss gelernt werden" ist einer, der meist vergessen oder komplett unterschätzt wird. Es ist eine andere Art des Lernens. Vor allem die Offenheit beschert vielen Lernenden große Probleme. Oft lernt man sehr viel und hat trotzdem das Gefühl, nichts oder zu wenig zu wissen, da man immer noch mehr lernen kann, noch einem Link, Hinweis oder Content mehr folgen kann. Beim Lernen ist auch sehr wichtig aber schwer zu erkennen, was vom Wissen wichtig und lernenswert ist, ebenso welche Informationen relevant sind. Doch dazu später mehr.

Selbstdisziplin und Selbstlernkompetenz ist ebenso wichtig, wie den eigenen Weg durch die Informationsflut zu finden. Keiner gibt einem einen roten Faden vor, hilft einem auf dem Weg und warnt einen, wenn man den Weg verlässt und auf einen Irrweg gelangt.

Auch andere Faktoren spielen eine große Rolle: kann ich alleine lernen, will ich alleine lerne, brauche ich soziale und persönliche Kontakte beim Lernen, und bin ich als Lerntyp gut zum Lernen in Online Communities geeignet?

Für manches ist eine Online Community auch grundsätzlich nicht gut geeignet. Gibt es eine Prüfung und muss dafür gelernt werden, ist dies nur via Online Community kaum machbar: zu offen und frei sind Online Communities vom Charakter her.

Aber auch das Lernen in der Freizeit oder neben der Arbeit, wird oft als störend und lästig empfunden.

Probleme mit anderen Menschen

Spammer

Spammer stellen in jeder Online Community ein großes und ernstzunehmendes Problem dar. Da jeder Teil der Community sein kann, es in der Regel keine Aufnahmebeschränkungen gibt, zieht es auch oft Menschen oder Computer („Botnet") an, die nur einen Account anlegen, um Werbung zu platzieren. Meist geht es entweder darum, Werbung für etwas zu machen, Geld direkt zu verdienen indem z.B. auf Links geklickt wird, oder das beworbene Produkt gekauft wird. Aber auch durch Werbung auf den beworbenen Seiten kann Geld verdient werden. Indem man in möglichst vielen Online Communities seine Spuren hinterlässt, sodass Suchmaschinen glauben die dort beworbene Seite sehr beliebt und gefragt ist anderer Ansatz, der oft und gerne verwendet wird um bei Suchmaschinen weiter nach vorne zu kommen. Deswegen gibt es einen ständiger Kampf zwischen Moderatoren und Administratoren auf der einen, und Spammern auf der anderen Seite.

Grundsätzlich stellt sich aber auch die Frage, was SPAM ist und wer das bestimmt. Ist es SPAM, wenn jemand auf eBay seine Waren, die nichts mit der Community zu tun haben, verkauft und in der Online Community einen Link dorthin setzt, um darauf aufmerksam zu machen? Gelten andere Regeln, wenn ein bekannter, angesehener und langeingesessener User der Community dies macht? Oder wenn die Waren für viele User der Community interessant und nützlich sein könnten? Auch Content der den einen amüsiert, könnte vom anderen als stören, befremdlich und folglich als SPAM angesehen werden! Ebenso kann Content für den User interessant sein, für die anderen aber nicht.

Viele Firmen und Geschäfte kennen mittlerweile die Macht der Online Communities, und sind dort Undercover zu finden. Oft geben sie sich als User aus die Hilfe brauchen, Fragen stellen, oder etwas wissen wollen. Schlussendlich wollen sie aber nur zeigen, wie toll das von ihnen beworbene Produkt, Geschäft, Firma,… ist. Dafür werden fingierte Diskussionen geführt, indem gefakte Benutzer angelegt werden, die anschließend eine scheinbare Debatte über ein Thema führen. Schlussendlich sitzt aber eine einzige Person hinter den vielen Mitgliedern der Online Community, und diskutiert mit sich selbst. Für Außenstehende sieht es aber so aus, als liefe eine fachliche Diskussion über die Bühne, bei der das Ergebnis ernst zu nehmen ist, durch einen offenen und fairen Diskussionsprozess entstanden ist und empfehlenswert ist.

Vor allem bei Fragen wie „Wie gut ist die Firma XY?", „Wie gut ist das Produkt XY?" oder „Kennt jemand XY?" ist oft sehr schwer oder spät erkennbar, ob es sich hierbei um SPAM handelt oder nicht.

Trolle
Mit „Troll" bzw. „Trolle" in der Mehrzahl werden User bezeichnet, die am eigentlichen Thema nicht interessiert sind, deren Beiträge nicht zum Thema beitragen und das einzige Ziel haben, Reaktionen anderer Benutzer hervorzurufen. Dadurch werden einerseits Diskussionen ausgelöst, nur um zu diskutieren, andererseits bestehende Diskussionen sabotiert. In Folge entsteht oft eine unangenehme Atmosphäre mit vielen wütenden Kommentaren und Aussagen, die weit unter der Gürtellinie sind. Deswegen müssen Moderatoren und Administratoren rasch reagieren, damit einerseits kein schlechtes Klima entsteht, andererseits Diskussionen nicht entgleiten. In Online Communities hat sich auch der Spruch „Don't feed the trolls!", auf Deutsch „Trolle bitte nicht füttern!" entwickelt, da hauptsächlich dadurch Trolle das Interesse am Trollen verlieren und somit der Nährboden entzogen wird.[106]

Lurker
„Lurker ist eine Bezeichnung für passive, also nur lesende Teilnehmer einer Newsgroup, eines Forums oder einer Mailingliste. Der Begriff entstammt dem Netzjargon, ist jedoch auf andere gesellschaftliche Foren übertragbar. Viele irritiert es, wenn jemand alles mitliest, was sie schreiben, selbst aber nichts über sich preisgibt. Das führt dazu, dass „Lurker" oder „Lurking" unter Umständen abwertend gebraucht wird."[107]

Diskussionen und Kommunikation

Die zuvor vorgestellten Spammer, Trolle und Lurker können die Kommunikation in Online Communities und die eigentlichen Diskussionen massiv stören und zerstören. Aber auch normale, emotionale und hitzige Diskussionen können schnell in Auseinandersetzungen weit unter der Gürtellinie enden. Auch Bloßstellungen anderer Benutzer kann rasch ein negatives Klima schüren. Oft ist es auch durch technische Limitationen schwer oder gar nicht möglich, gewisse Zusatzinformationen wie Gefühle, Gestik, Mimik, Sarkasmus und ähnliches zu vermitteln. Vor allem wenn auch noch verschiedene Kulturen, soziale Schichte und Ansichten aufeinander prallen kann schnell eine explosive Mischung entstehen[108].

Diskussionen können aber auch ohne Absicht ausschweifen oder vom Thema abkommen, was dann als Thread-Hijacking bezeichnet wird. Dabei werden in Diskussionen andere Diskussionen angefangen, sodass dann die eigentliche Diskussion verloren geht und nur die neue weitergeführt wird. Wird hingegen die bestehende Diskussion und die neue gleichzeitig geführt, kann schnell ein großes Kuddelmuddel entstehen bei dem sich keiner mehr auskennt[109].

Kennen sich viele Mitglieder einer Online Community auch so oder kommunizieren über anderer Kommunikationswege, kann es auch zu Outsourcing einer Diskussion führen. Dabei werden Diskussionen in der Online Community gestartet, dann auf andere Kommunikationswege oder persönliche Treffen verlagert, und später an einem anderen Punkt wieder in die Online Community verlagert und weitergeführt. Dabei bekamen die nur dort anwesenden Mitglieder die ausgelagerte Diskussion nicht mit, wissen nicht warum der Stand der Dinge jetzt ein ganz anderer ist, und kennen sich nicht oder schwer mehr aus[110].

Darüber hinaus kann es noch spezifische Probleme, abhängig von der eingesetzten Technologie und den dort vorgegebenen Diskussion- und Kommunikation- Strukturen geben. Bei Wikisb wird Wissen in einer Wissensdatenbank verwaltet. Findet jemand eine Information als nicht korrekt, ändert er sie einfach um. Meint ein anderes Mitglied wiederum, dass diese Änderung nicht stimmt, ändert er sie ebenfalls um. Im schlimmsten Fall endet es in einem sogenannten „Edit War", bei dem mehrere Seiten ständig Informationen umändern in der Annahme, sie seien falsch. In der Praxis mündet es leider oft in einem erbitterten Wettstreit, wer schneller die Informationen ändern kann und länger als „richtig" halten kann.

Identitätsdiebstahl

Der Identitätsdiebstahl ist ein immer größer werdendes Problem. Vor allem Kriminelle und Stalker werden in längster Zeit von Online Communities regelrecht magisch angezogen. Grund dafür ist, dass einerseits sehr viele Menschen auf Online Communities unterwegs sind, vor allem in Social Networks, und dort leichte Opfer darstellen. Andererseits geben sie dort viele Informationen preis, die gegen sie verwendet werden können, was ein zusätzliches Lockmittel für Kriminelle und Stalker darstellt.

Beim Identitätsdiebstahl geht es oft um 2 verschiedene Sachen:

1. Die Identität zu stehlen, um weiteren Schaden anzurichten.

2. Menschen persönlich angreifen (Stalking).

Stiehlt man eine Identität, kann man sich nicht nur als diese Person ausgeben, deren Kontakte und Angaben ausnutzen, sondern auch im Namen dieser Person weiteren Schaden anrichten. Diese Variante ist vor allem bei Kriminellen sehr beliebt.

Bei der zweiten Variante, oft von Stalkern verwendet, wird ein neues Profil/ Account im Namen der Person angelegt, die man stalkt. Dabei verwendet man die Angaben und Informationen, die das Original verwendet hat. Oft kann man Bilder, Videos und anderen Content von der Person die genervt werden soll, leicht im Internet gefunden und als eigenen verwendet werden. Niemand weiß dann mehr, dass man nicht die Person ist, für die man sich ausgibt.

Viele Stalker gehen noch 2 Schritte weiter. Erstens schreiben sie im Namen der Person die sie stalken oft schlimme Sachen im Internet, und zweitens bauen sie Kontakt zu den Freunden und Kontakten der gestalkten Person auf. Oft wird angegeben, dass man beispielsweise das Passwort verloren hat, deswegen einen neuen Account anlegen musste und die Freunde nun neu hinzufügen muss. Sehr beliebt ist auch zu behaupten, man habe die Freunde versehentlich aus der Liste gelöscht oder sonst etwas ist passiert, damit man sie neu hinzufügen musste. In der Regel glauben die Benutzer das, und nehmen den Stalker als Freund an. Für die betroffenen Personen ist schrecklich, von einem Stalker verfolgt zu werden und dann zusätzlich auch noch allen Freunden klarmachen zu müssen, dass man nicht diese Person ist, für die sich der Stalker ausgibt.

Problematisch ist auch, dass die Polizei, aber auch Betreiber einer Plattform, kaum etwas dagegen machen können. Die Betreiber können nur Accounts löschen, die dann wieder vom Stalker neu angelegt werden! Falls die Polizei konkrete Beweise hat (was sehr schwer und selten ist), kann sie mittels richterlichen Befehls die IP Adresse des Stalkers, ein Art Fingerabdruck im Internet, herausfinden lassen. Diese Spuren führen aber oft zu WLANs, öffentlichen Internetanschlüssen, Internet- Cafes und anderen Anschlüssen, wo meist niemand dingfest gemacht werden kann. Grund dafür ist unter anderem, dass das Internet „anonym" ist, und lediglich die sogenannte IP Adresse hinterlassen wird. Diese ist aber in einem Netzwerk für alle gleich, sodass schwer herauszufinden ist, wer es genau war. Gibt es keine Logs oder sonstige Aufzeichnungen, wer wann welchen Anschluss verwendet hat, kann nichts gemacht werden. Der Betreiber einer Plattform kann auch schwer die IP sperren, da er sonst alle aussperren würde, die über diese Leitung surfen und keine Probleme verursachen!

"On the Internet, nobody knows you're a dog."
Anonymität im Internet[111]

Ein Vorteil der Anonymität ist aber, dass es zu keiner Diskriminierung kommt. Beispielsweise weiß man nicht, ob die Person auf der anderen Kommunikationsseite männlich oder weiblich ist. Klar kann ein männlicher oder weiblicher Name angeben werden, ein männliches oder weibliches Bild verwendet werden oder angegeben werden, dass man ein Mann oder eine Frau ist. Aber ob das stimmt, weiß niemand! Dadurch findet auch keine Diskriminierung, beispielsweise gegenüber Frauen statt, sodass Frauen auch in männlich dominierte Bereiche vordringen können, sich mit gleichgesinnten unterhalten können und Ideen austauschen können, ohne als Frau erkannt, gebrandmarkt und ausgeschlossen zu werden. Ebenso können „Ausländer" und andere Randgruppen sich in die anonyme Masse der Online Community flüchten und eine fiktive Identität annehmen.

Lernen und Lehren

Ein grundsätzliches Problem ist, dass die meisten Mitglieder von Online Communities keine Pädagogen sind und sich mit Didaktik nicht auskennen. Jeder kann Teil der Community sein, wodurch natürlich die breite Masse an User keine fachliche Ausbildung im Bereich des Lehrens, der Aufarbeitung von Materialien,... aufweist. Dadurch ist auch meist der Content nicht gut oder gar nicht aufgearbeitet. Früher war die Situation noch viel schlechter, als der Markt von der Technik und den Technikern bestimmt wurde. Oft waren die Inhalte nicht aufgearbeitet, oder wurden von den technischen und nicht von den didaktischen Faktoren bestimmt. Mittlerweile wurde die Technik stark verbessert und vereinfacht, wodurch auch normale PC- Benutzer ohne Probleme Online Communities nutzen können. Die technischen Spielereien stellten sich nach und nach ein, was Online Community benutzbarer machte.

Auf Seite des Lernens gibt es aber noch 2 andere Probleme: fast alle Menschen empfinden Bildschirmlernen grundsätzlich als anstrengend und ermüdend. Wir sind darüber hinaus ein Lernen im sozialen Umfeld gewohnt, was auch viele Vorteile mit sich bringt. Beim elektronischen Lernen fallen diese persönlichen Kontakte aber weg. Da der soziale Faktor ein Faktor ist, der leider oft unterschätzt wird aber sehr wichtig beim Thema Lernen ist, sollte dieser Aspekt auf Seiten der Plattform mit technischen Mitteln und Funktionen ausgleichen werden!

Wie korrekt ist Wissen?

Grundsätzlich stellt sich immer die Frage, wie korrekt Wissen ist. Handelt es sich hierbei um Meinungen, Fakten oder Abwägungen? In der Regel weiß man im Internet nicht, wer hinter dem Wissen steht. Dadurch fällt es noch schwerer als sonst einschätzen zu können, welche Qualität das Wissen aufweist. Manche Online Communities gehen sogar noch einen Schritt weiter, beispielsweise Wikileaks, und wickeln die komplette Kommunikation anonym ab, sodass nicht einmal die Betreiber der Plattform selbst wissen, welche IPs, geschweige Personen hinter den Informationen stecken[112]. Der Grundgedanke ist, die ultimative Meinungsfreiheit zu ermöglichen in der Hoffnung, so Informationen sammeln zu können, die ansonsten niemals ans Licht kommen könnten.

Diskutieren viele Menschen über ein Thema ist das Ergebnis, welches am Schluss heraus kommt, meist korrekter als die einzelnen „Lösungen", da dort in der Regel auch viele falsche Meinungen dabei sind, die während des Aushandlungsprozesses wegfallen und somit im Ergebnis keinen Platz finden. *„Insgesamt gilt: Je mehr Leute daran mitwirken, umso mehr steigt die Qualität".*[113]

Trotzdem muss dies nicht zwangsläufig bedeuten, dass das was am Schluss heraus kommt, die „ultimative Wahrheit" ist. Zu hinterfragen ist vor allem immer, wie dieser Aushandlungsprozess abgelaufen ist und wie das daraus resultierende Ergebnis zustande gekommen ist. Der Vorteil bei Online Communities ist, dass die einzelnen Schritte und Aushandlungsprozesse offen und somit transparent sind. Folglich kann auch gut gesehen werden, ob am Schluss eine Grundmeinung, größter gemeinsamer Teiler, eine Abwägung, die Masse oder der stärkste User sich schlussendlich durchsetzte. Deswegen ist in dem Zusammenhang einerseits die Offenheit und somit gegebene Transparenz wichtig, anderseits der Aushandlungsprozess durch Funktionen und Werkzeuge unterstützt, dokumentiert und somit ein nachvollziehen ermöglicht wird! Beim Aushandlungsprozess ist das Beachten von Netiquette wichtig. Aber auch „Rituale" einzelner Communities sind nicht außer Acht zu lassen, die sonst rasch zu Problemen oder einer Unübersichtlichkeit führen könnten.

Die große Flut

In einer aktiven Community gibt es viele Probleme, Fragen, Diskussionen, regen Meinungsaustauch, Wissensaustausch und vieles mehr. Rasch kann die Sache sehr unübersichtlich werden. Umso wichtiger ist es, Werkzeuge oder Funktionen an die Hand gelegt zu bekommen, um trotzdem einen Überblick behalten zu können. Dabei sind 4 Faktoren sehr wichtig zu beachten und mittels Tools zu unterstützen:

- Was ist in der Wissensflut generell relevant?

- Was ist in der Meinungsflut der einzelnen Themen und Nachrichten relevant?

- Wie übersichtlich sind die einzelnen Diskussionen, vor allem wenn hitzige Diskussionen sich bilden?

- Werden Diskussionen weitergeführt bzw. gestartet und wann? [114]

Kommerzialisierung

Wie später noch genauer erklärt, tummeln sich mittlerweile viele Händler, Anbieter, Firmen und Geschäfte in Online Communities. Dabei geben sie sich als normale Mitglieder aus, forcieren neue oder bestehende Diskussionen, bringen dadurch eine kommerzielle Note in Diskussionen ein, manipulieren oft den Aushandlungsprozess und verfälschen oder dominieren sogar im schlimmsten Fall das Endresultat [115].

Ausrichtung der Online Community

Es kann zu einer gewollten Änderung der Ausrichtung eines Forums kommen, aber auch zu einer ungewollten. Geht es beispielsweise bei einer Online Community um ein Thema, welches nicht mehr interessant ist, veraltet ist, etwas Neueres in dem Bereich gibt oder neue Erkenntnisse die ein umändern der Ausrichtung sinnvoll machen, birgt dies einerseits eine Chance, aber auch ein große Gefahr: wer wird die Änderungen und Umorientierung mitmachen und wie wird es weiter gehen?

In der Praxis kommt es oft zu einer Abspaltung, wodurch sich eine neue Online Community bildet. Aber auch vom Niveau kann es zu Änderungen kommen, beispielsweise wenn eine Plattform, die sonst offen war, nur mehr Experten haben möchte, da sie von den Anfängern genervt sind. Dadurch werden Anfänger aus der Community geekelt und in der Regel oft auch technische Änderungen vorgenommen, damit nur Experten dazu stoßen. Meistens wird die Plattform von Suchmaschinen ausgeschlossen, wodurch sie nur durch persönliche Kontakte auffindbar ist und nur von anderen Experten weiterempfohlen wird, wodurch eine gewisse Qualität sichergestellt werden soll.

Aber auch ungewollte Änderungen in der Ausrichtung sind möglich. Wenn beispielsweise der Anteil an Lurker ständig steigt und es fast nur mehr Nehmer und keine Geber von Wissen gibt. Die paar übrigen Geber werden sich „verarscht" fühlen und entweder auch Lurker werden, oder die Community verlassen und zu einer anderen, aktiven, gehen. Ebenso können auch andere, auf den Seiten zuvor beschriebene Störfaktoren, eine ungewollte Änderung in der Ausrichtung in der Online Community bewirken. Beispielsweise wenn Trolle die überhand nehmen, da Moderatoren und Administratoren nichts dagegen machen, und die Plattform Spielfeld von Störenfrieden wird. Aktive Mitglieder bestärken die Trolle in ihrem Dasein, passive Mitglieder werden zu Lurker, wodurch wiederum der Prozentsatz der Störenfriede in der aktiven Community steigt, bis die Community abstirbt.

Wirtschaftliche Probleme und Kommerzialisierung

Moderne IT Infrastrukturen kosten einiges an Geld. Da zumindest gleich viel eingenommen wie ausgegeben werden sollte, muss auch immer darauf geachtet werden, wie die Kosten ausgeglichen werden können. Grundsätzlich ist nichts Schlechtes dabei, denn wenn den Betreibern das Geld ausgeht, bedeutet dies auch zwangsläufig das Aus für die Online Community, was ja in keinerlei Interesse ist. Oder eine andere Plattform verleibt sich den angeschlagenen Konkurrenten ein. Deswegen wurde auch im Kapitel zuvor auf einige Ansätze im Bereich „Geld verdienen" näher eingegangen.

Trotzdem ist es ein sehr schmaler Grat zwischen „Community erhalten (ohne Nachteile für die einzelnen Mitgliedern)" und „die wirtschaftliche Komponente stört und beschneidet die einzelnen Mitglieder". Das Hauptproblem ist, dass in der Regel nicht Wert auf individuelles gelegt wird, sondern auf die Masse. Die Werbebranche zum Beispiel achtet darauf möglichst viele Menschen auf ein Mal zu erreichen, was natürlich interessant ist wenn es viele User gibt. Einerseits verleitet es dazu viele Tricks auf Seiten der Plattformbetreiber anzuwenden, um viele User vorweisen zu können. Andererseits wird nicht für Qualität, beispielsweise der Zielgruppe/ Usergruppe bezahlt, sondern rein für die Quantität. Zu viel Werbung kann natürlich dazu führen, dass die Plattform kommerzialisiert wird und mehr einem Werbeprospekt, als einer Plattform zum Austausch von Meinungen, Ideen, Wissen und Materialien gleicht.

Wird kein Werbungsmodell verwendet sondern ein Modell, bei dem der einzelne User der Online Community zahlt, läuft es in der Regel auf ein Abo oder Premiumdienste hinaus. Bei Abos wird ein gewisser Betrag gezahlt, meist monatlich, um die Online Community nutzen zu können. Bei Premiumdiensten hingegen ist es so, dass manche Dienste kostenlos sind, andere aber kostenpflichtig sind. Eine andere Möglichkeit ist, Dienste mit Auflagen und Einschränkungen kostenlos nutzen zu können, während für die unlimitierte Nutzung Kosten anfallen. Beispielsweise kann eine gewisse Anzahl an Videos kostenlos hochgeladen werden, danach muss gezahlt werden. Eine andere Einschränkung wäre, dass nur Videos mit einer gewissen Länge, Größe, oder Auflösung hochgeladen werden können, alles andere dem Benutzer dann etwas kostet. Bei so einem Einnahmemodell ist es einerseits wichtig, aber auch sehr schwer, sinnvolle Limitierungen zu machen und es sich trotzdem nicht mit der Online Community zu vergraulen! Ansonsten sind die User genauso schnell wieder weg, wie sie gekommen sind[116].

Ein anderes Problem, vor allem im geschäftlichen Bereich oder wenn Wissen/ Daten gesammelt wurden, ist, wem diese gehören. Kann eine Plattform Wissen oder Daten der Benutzer verkaufen? Wer bekommt das Geld und wie viel? Oder wenn Mitarbeiter einer Firma ihr Wissen in einer Community sammeln, anderen Mitarbeitern zur Verfügung stellen und dann alle Mitarbeiter dank Outsourcing gefeuert werden. Muss dann die Community und das dort gesammelte Wissen der neuen Firma hergegeben werden oder nicht?

Die Grundproblematik ist, dass in der Regel Technik oft billiger ist als die Arbeitszeit von Menschen[117]. Dies führt einerseits dazu, dass oft versucht wird, Menschen durch Technik zu ersetzen, andererseits Erfahrung und Wissen, welches mittlerweile leicht durch Online Communities archiviert und für die Nachwelt erhalten werden kann, heutzutage leicht weitergegeben werden kann wie zuvor im Beispiel Outsourcing angeschnitten. Dadurch wird das Individuum um vieles einfacher ersetzbar! Diesen Trend spiegelt sich auch im Support wieder: wo es früher Beratung und Hilfe von Experten gab, setzten sich nach und nach Laien auf die Jobstühle, die via Assistenten und Wissensdatenbanken Anweisungen befolgen. Manche Firmen gehen mittlerweile sogar so weit, den kompletten Support einzustellen und nur Hilfe im eigenen Forum oder anderen Formen von Online Communities anzubieten. Einige weisen dort zumindest Personal auf, die sich mit der Thematik auskennen, andere nicht ein Mal das. Sparfüchse gehen einen Schritt weiter, stellen Support und Plattform komplett ein nach dem Motto „wird eh schon irgendjemanden geben, der sich um unsere Kunden und deren Probleme kümmern wird".

Aber auch ganz andere Probleme können einer Online Community wirtschaftlich das Genick brechen. Nehmen wir an, Mitglieder einer Online Community haben urheberrechtlich geschütztes Material in der Online Community verwendet. Den Moderatoren fiel es nicht auf, oder sie machten nichts dagegen, und jetzt steht eine Klage vor der Tür, die einerseits Kosten für einen Anwalt erfordert, andererseits leicht teuer und mit einem ungewissen Ende ausgehen kann.

Technik

Auf Seiten der Technik kann es zu sehr vielen Problemen verschiedenster Natur kommen. Ich gehe dabei nur auf die zwei wichtigsten, dem Server und der Zugänglichkeit ein, da es sonst den Rahmen sprengen würde.

Der Server

Auf Seiten des Servers kann es immer zu einem Ausfall kommen. Dies kann viele Gründe haben: weil es zu Problemen bei der Hardware kam, Überhitzung, die auf dem Server laufenden Software Probleme machte und vieles mehr. Letzteres ist vor allem problematisch, wenn die Datenbank, das Herzstück einer jeden Online Community, schaden erlitt. Die Online Community ist dann nicht benutzbar, bis der Schaden behoben wurde und eine Sicherung, Backup genannt, eingespielt wurde. Im besten Fall gibt es ein aktuelles Backup, wodurch nur Content nach Erstellung des letzten Backups verloren ging. Im schlimmsten Fall kommt es zu einem total Crash, wobei das komplette Wissen der Community verloren geht. Das ist in zweierlei Hinsicht ärgerlich: einerseits, da viel Zeit, Kraft und Energie in Communities fließt, andererseits, da das private Erstellen von Backups kaum oder gar nicht möglich ist, und somit auch viel Wissen, das man persönlich ansammelte und mittlerweile vielleicht schon längst wieder vergessen hat, für immer verloren ging!

Serverausfälle können aber auch daraus resultieren, dass die Online Community wächst und wächst, die Serverkapazitäten nicht mitwachsen, irgendwann einmal nicht mehr können und an der Masse an Usern scheitern. Deswegen ist es wichtig, Probleme frühzeitig zu erkennen, beispielsweise indem der Server langsamer wird und das Auflisten von Content immer länger dauert. Doch Änderungen und Optimierungen die aufgrund schleichender Probleme durchgeführt werden, beispielsweise eine Aufstockung der Ressourcen, Änderung der Software, optimieren von Abläufen und der Datenbank,… können dann zu noch größeren Problemen und dem Ausfall des Servers führen! Nicht umsonst lautet einer der großen Weisheiten der Informatik „Never change a running system"[118].

Die Performance spielt aber auch in der Wahrnehmung der User eine wichtige Rolle und für wie zuverlässig sie die Plattform ansehen.

Eine gute Performance macht zufrieden[119]

Ebenso eine gute Verfügbarkeit[120]

Ein ganz anderes Problem stellen Hacker dar, die ins System eindringen, dabei Daten, Passwörter und Logins klauen. Oft werden diese Daten entweder weiterverkauft, dazu verwendet, an weitere Daten zu kommen oder um anderen Missbrauch zu betreiben. Deswegen müssen die Betreiber einer Plattform auf die Sicherheit der Server achten, vor allem aber auf die Daten ihrer Benutzer!

Menschen mit Einschränkungen

Bei der Technik muss darauf geachtet werden, dass Menschen mit Einschränkungen, beispielsweise blinde Menschen, auch Zugang haben und nicht ausgeschlossen werden. Auf vielen Webseiten können blinde Menschen theoretisch teilhaben, praktisch aber nur sehr eingeschränkt, da die Online Communities auf optische Wahrnehmungen aufbauen oder stark visuell arbeiten. Aber auch die im Internet rasant wachsende Gruppe der Menschen über 55 verlangt ihre Aufmerksamkeit und die für das Alter notwendigen Anpassungen der Technik. Deswegen sind folgende Punkte erforderlich, damit auch Menschen mit Einschränkungen praktisch an der Online Community teilnehmen können[121]:

- Klare Navigation

- Statt Bilder sinnvolle Beschreibungstexte

- Sitemap zur einfachen Navigation und Übersicht über die Webseite

- Cascading Style Sheets um Schriftart und Größe anpassen zu können

- Gut geeignete Farben für Farbblinde. Im Idealfall anpassbar!

- Guter Kontrast

- Einsatz von Audio zur Unterstützung von blinden Menschen

- Sprache ist für blinde Menschen wichtig, wodurch sie präzise und kurz gehalten sein sollte.

- Auf die Ideen und Bedürfnisse der User eingehen

- Werkzeuge und Funktionen sollten mit allen Einschränkungen nutzbar sein

- Keine Trennung innerhalb der Online Communities zwischen „Menschen mit Einschränkungen" und „Menschen ohne Einschränkungen", wodurch es auch zu einer gewissen Diskriminierung und Ausgrenzung kommen würde

Ausblick

„Der Steigbügel war sowohl den Angel-Sachsen als auch den Franken bekannt. Trotzdem setzten nur die Franken diesen effizient ein und entwickelten eine neue Kriegstechnik. Finn meint daher, dass eine Technologie nicht als solche Vorteile bringt, sondern dass es gesellschaftliche Voraussetzungen geben muss, die erst garantieren, dass Technologien sinnvoll eingesetzt werden können.[122]*".* Ähnlich verhält es sich auch mit Online Communities. Nur weil es eine gewisse Technik gibt heißt es noch lange nicht, dass sie eingesetzt, geschweige sinnvoll genutzt wird. Es braucht oft eine gewisse Zeit bis gelernt wird, wie man sie sinnvoll einsetzen kann und was man alles damit machen kann. Wichtig bleibt weiterhin, dass Technologie kein Selbstzweck sein sollte. Vor allem im Bezug auf Lernen können Medien und Technoligen den Lernenden sinnvoll unterstützten und den Lernprozess auf vielen Ebenen verbessern. Das Mischen von Technologien, Konzepten und Methoden ist ebenso nützlich wie der sinnvolle Einsatz interaktiver Elemente und die multimediale Aufarbeitung der Lerninhalte.

Online Communities sind weiterhin stark im Kommen. Durch die Spezialisierung von Online Communities, nicht nur auf inhaltlicher Ebene sondern auch im Bezug auf deren Zielsetzung, entstehen immer mehr Formen von Online Communities. In letzter Zeit sind beispielsweise „Sozial Communities", „Learning Communities", „Community based Learning"[123]„Communities of Practice"[124], „Communities of Interest"[125] und „ Corporate Learning"[126] Ausrichtungen, die sich aus dem großen, vielseitigen und vielschichtigen Meer der Online Communities heraus kristallisieren. Dabei werden in naher Zukunft noch mehr Formen und Ausrichtungen entstehen die bis dato unvorstellbar sind, bestehende spezialisieren, teilen, oder im Nirwana des Internets verschwinden.

Viele der zuvor genannten, im Moment entstehenden Formen von Online Communities haben Lernen in den unterschiedlichsten Bereichen als Zielsetzung. Im Bereich Bildung ist E-Learning ein sehr interessantes Gebiet und stellt eine großartige Möglichkeit dar. Die Chancen liegen einerseits in den vielen Formen, beispielsweise Online Communities, aber auch in der Mischung von Präsentunterricht mit E-Learning Einheiten, Blended Learning genannt.

Was aber leicht erkennbar ist: Online Communities stellen eine große Chance dar. Vor allem in Bereichen die alle Menschen betreffen wie Bildung (Long Life Learning) oder Gesundheit gibt es ein enormes Potential. Zwischen 2000 und 2004 stieg die Internetnutzung bei Menschen über 65 um 47%[127]. Beispielsweise gehen 28% der älteren Briten online[128] und 22% in den USA[129]. Online Communities werden von ihnen verwendet um Probleme (oft gesundheitlicher Natur) zu lösen, sich fortzubilden (Stichwort „Long Life Learning"), um soziale Kontakte zu halten oder neue aufzubauen[130]. 80% der Erwachsenen in den USA suchen im Internet nach Gesundheitsinformationen[131]. Das Problem dabei ist, dass es in dem Bereich recht wenig professionelles Wissen in Online Communities gibt, vor allem professionelle und individuelle Hilfe/ Beratung von Seiten der Ärzte. In anderen Ländern und Kulturen werden Ärzte dafür bezahlt, dass der Patient gesund ist. Sprich, ist der Patient krank, muss er nichts zahlen und der Arzt muss ihn kurieren, damit er wieder am Patient Geld verdienen kann! Daraus ergibt sich, dass wenn ein Arzt gute Hilfe und Informationen seinen Patienten in Online Communities bereitstellen würde, er somit leichter viele Patienten gesund halten kann bzw. ihnen rasch helfen kann. Geht beispielsweise eine Grippe um, könnte er das an den vielen Krankheitsfällen in der Online Community rasch erkennen, einerseits schnell Hilfe leisten, anderseits für noch nicht kranke Patienten gegebenenfalls Vorsichtsmaßnahmen treffen und Tipps gegen eine Ansteckungen zur Verfügung stellen.

Darüber hinaus könnten aber auch in vielen anderen Bereichen durch Online Communities viel Positives bewirkt werden[132].

Die Anonymität birgt auch große Chancen im Zusammenhang mit vielen Problemen, bei denen man sein Gesicht wahren will. Beispielsweise in der Psychotherapie oder der zuvor angesprochenen Medizin. *„Zum einen gibt es Menschen, die eher sozial schüchtern und zurückhaltend sind, denen es nicht ganz geheuer ist, zum Therapeuten zu gehen, weil sie Scham oder Skrupel haben. Für sie ist es oft leichter, sich über das Medium Internet zu öffnen. Dort ist die Schamschwelle einfach niedriger. Zum anderen sind Online-Therapien räumlich nicht auf einen bestimmten Ort angewiesen. Ich kann als Patient von zu Hause aus Hilfe in Anspruch nehmen. Auch zeitlich ist man dann viel flexibler. Für Berufstätige kann das ein wichtiges Kriterium sein. Auch die Psychotherapeuten sind in der Arbeitsaufteilung flexibler. Außerdem eröffnet man sich einen neuen Kundenstamm mit einem neuen Geschäftsbereich, der noch nicht so stark besetzt ist. Der Psychotherapeut hat auch geringere Kosten, er muss nicht einmal unbedingt eine Praxis eröffnen und kann auch von zu Hause aus arbeiten.“[133]*

Wohin sich aber Online Communities entwickeln, wie sehr sie im Bildungsbereich und den vielen anderen Bereichen in denen sie großes Potential haben einziehen werden und in welcher Form, ist sehr schwer absehbar. Auch ob es nur ein Trend ist, wie es E-Learning schon oft war und sich schlussendlich immer nur „kurz" halten konnte, oder ob es zu langanhaltende Veränderungen im Bildungssystem kommen wird, ist ebenso schwer abzusehen. Ebenfalls wird erst die Zeit zeigen, wie sehr sich der konstruktivistische Ansatz im Bildungsbereich durchsetzen kann, wie hoch dadurch auch die Akzeptanz von Online Communities und anderen konstruktivistischen Produkten sein wird und ob es langfristig im Bildungsbereich zu einem Umdenken kommt.

Online Communities sind wie Steigbügel für das Pferd „Bildung". Ob, wie und in welcher Form sie uns zu „Franken" machen, oder ob wir „Angel-Sachsen" bleiben, wird sich noch zeigen.

Literaturverzeichnis

Folgenden Quellen wurden für diese Seminararbeit verwendet:

_____

[1] http://de.wikipedia.org/wiki/Web_2.0 (accessed 02/2010)
[2] http://de.wikipedia.org/wiki/Online-Community (accessed 02/2010)
[3] Martin Tintel, Grundlagen der Kommunikations- und Medientheorie VO (187.111) Ausarbeitung, Seite 31, 2008
[4] http://de.wikipedia.org/wiki/Online-Community (accessed 02/2010)
[5] http://de.wikipedia.org/wiki/Online-Community (accessed 02/2010)
[6] Birgit Dippelreiter & Dieter Merkl, Online Communities und E-Commerce (Skriptum für die gleichnamige Lehrveranstaltung), 2009, Seite 5
[7] Birgit Dippelreiter & Dieter Merkl, Online Communities und E-Commerce (Skriptum für die gleichnamige Lehrveranstaltung), 2009, Seite 8
[8] http://de.wikipedia.org/wiki/Web_2.0 (accessed 02/2010)
[9] http://books.google.com/books?id=1QwAAAAAMBAJ&printsec=frontcover&source=gbs_summary_r&cad=0_0#v=onepage&q=&f=false (accessed 02/2010)
[10] http://www.scill.de/content/2006/09/21/web-20-buzz-zeitstrahl/ (accessed 02/2010)
[11] http://www.competence-site.de/marketing-resource-management-mrm/EInterview-Prof-Wolfgang-Prinz-zum-Virtual-Roundtable-Web-Competence-and-Responsibility-Teil1-Web-2-0-Bedeutung-Chancen-Risiken (accessed 02/2010)
[12] Gerald Futschek, Einführung in die Fachdidaktik Commerce (Skriptum für die gleichnamige Lehrveranstaltung), 2009, Seite 5
[13] Gerald Futschek, Einführung in die Fachdidaktik Commerce (Skriptum für die gleichnamige Lehrveranstaltung), 2009, Seite 6
[14] Gerald Futschek, Einführung in die Fachdidaktik Commerce (Skriptum für die gleichnamige Lehrveranstaltung), 2009, Seite 14
[15] Franz Gansterer, Praktikum zur Fachdidaktik (Skriptum für die gleichnamige Lehrveranstaltung), 2009, Teil 3, Seite 14
[16] http://www.stangl.eu/psychologie/definition/Konstruktivismus.shtml (accessed 02/2010)
[17] Franz Gansterer, Praktikum zur Fachdidaktik (Skriptum für die gleichnamige Lehrveranstaltung), 2009, Teil 1, Seite 7
[18] http://de.wikipedia.org/wiki/E-Learning (accessed 02/2010)
[19] http://de.wikipedia.org/wiki/E-Learning (accessed 02/2010)
[20] http://de.wikipedia.org/wiki/E-Learning (accessed 02/2010)
[21] http://de.wikipedia.org/wiki/E-Learning (accessed 02/2010)
[22] http://de.wikipedia.org/wiki/E-Learning (accessed 02/2010)
[23] http://de.wikipedia.org/wiki/E-Learning (accessed 02/2010)
[24] http://de.wikipedia.org/wiki/E-Learning (accessed 02/2010)
[25] http://de.wikipedia.org/wiki/E-Learning (accessed 02/2010)
[26] http://de.wikipedia.org/wiki/E-Learning (accessed 02/2010)
[27] http://methodenpool.uni-koeln.de/rallye/frameset_rallye.html (accessed 02/2010)
[28] http://www.uni-koeln.de/hf/konstrukt/didaktik/gruppenarbeit/frameset_gruppe.netz.html (accessed 02/2010)
[29] http://www.uni-koeln.de/hf/konstrukt/didaktik/anchored/frameset_ankernetz.html (accessed 02/2010)

[30] http://www.uni-koeln.de/hf/konstrukt/didaktik/briefmethode/frameset_briefmethode.html (accessed 02/2010)

[31] http://www.uni-koeln.de/hf/konstrukt/didaktik/moderation/frameset_moderation.html (accessed 02/2010)

[32] http://www.uni-koeln.de/hf/konstrukt/didaktik/moderation/frameset_moderation.html (accessed 02/2010)

[33] http://www.uni-koeln.de/hf/konstrukt/didaktik/apprenticeship/frameset_apprenticeship.html (accessed 02/2010)

[34] http://www.uni-koeln.de/hf/konstrukt/didaktik/e-learning/e-learning_kurzbeschreibung.html (accessed 02/2010)

[35] http://www.uni-koeln.de/hf/konstrukt/didaktik/rollenspiel/frameset_rollenspiel.html (accessed 02/2010)

[36] http://www.psychologie.uni-freiburg.de/Members/rummel/wisspsychwiki/wissenspsychologie/wissenspsychologie/DistributedCognition (accessed 02/2010)

[37] Margit Pohl, Vernetztes Lernen (Skriptum für die gleichnamige Lehrveranstaltung), 2009, Seite 73

[38] Margit Pohl, Vernetztes Lernen (Skriptum für die gleichnamige Lehrveranstaltung), 2009, Seite 80

[39] Margit Pohl, Vernetztes Lernen (Skriptum für die gleichnamige Lehrveranstaltung), 2009, Seite 78

[40] http://www.parshift.com/Essays/essay036.htm (accessed 02/2010)

[41] Chi-Hong Leung & Yuen-Yan Chan, Knowledge Management System for Electronic Learning of IT Skills, 2007

[42] Stefanie Bergel, e-le@rning Ausgabe 02, 2005

[43] Chi-Hong Leung & Yuen-Yan Chan, Knowledge Management System for Electronic Learning of IT Skills, 2007

[44] Chi-Hong Leung & Yuen-Yan Chan, Knowledge Management System for Electronic Learning of IT Skills, 2007

[45] Lifang Shih & Karen Swan, Fostering Social Presence in Asynchronous Online Class Discussions, ?

[46] Chi-Hong Leung & Yuen-Yan Chan, Knowledge Management System for Electronic Learning of IT Skills, 2007

[47] Chi-Hong Leung & Yuen-Yan Chan, Knowledge Management System for Electronic Learning of IT Skills, 2007

[48] http://www.informatik-forum.at/limesurvey/Umfrage20091116.pdf (accessed 02/2010)

[49] http://www.informatik-forum.at/limesurvey/Umfrage20091116.pdf (accessed 02/2010)

[50] http://www.informatik-forum.at/limesurvey/Umfrage20091116.pdf (accessed 02/2010)

[51] http://www.informatik-forum.at/limesurvey/Umfrage20091116.pdf (accessed 02/2010)

[52] http://www.informatik-forum.at/limesurvey/Umfrage20091116.pdf (accessed 02/2010)

[53] Birgit Dippelreiter & Dieter Merkl, Online Communities und E-Commerce (Skriptum für die gleichnamige Lehrveranstaltung), 2009, Seite 9

[54] Chi-Hong Leung & Yuen-Yan Chan, Knowledge Management System for Electronic Learning of IT Skills, 2007

[55] Tiwana, A. and Bush, A. Peer-to-Peer Valuation as aMechanism for Reinforcing Active Learning in VirtualCommunities: Actualizing Social Exchange Theory. InProceedings of the 33rd Hawaii international Conference onSystem Sciences, 2000, Seite 1

[56] Anabel Quan-Haase, Trends in Online Learning Communities, 2004

[57] http://www.informatik-forum.at/limesurvey/Umfrage20091116.pdf (accessed 02/2010)

[58] http://www.informatik-forum.at/limesurvey/Umfrage20091116.pdf (accessed 02/2010)

[59] http://www.informatik-forum.at/limesurvey/Umfrage20091116.pdf (accessed 02/2010)

[60] Anabel Quan-Haase, Trends in Online Learning Communities, 2004

[61] Kateryna Kuksenok & Jennifer Mankoff, End-User Moderation of Cognitive Accessibility in OnlineCommunities: Case Study of Brain Fog in the LymeCommunity, 2009
[62] Sylvia Jumpertz, e-le@rning Ausgabe 04, 2005
[63] http://www.informatik-forum.at/limesurvey/Umfrage20091116.pdf (accessed 02/2010)
[64] Diana Schimke, Design Implementation and Evaluation of an Online Communityto foster Girls' Interest and Participation in STEM, 2007
[65] Diana Schimke, Design Implementation and Evaluation of an Online Communityto foster Girls' Interest and Participation in STEM, 2007
[66] Anabel Quan-Haase, Trends in Online Learning Communities, 2004
[67] http://www.informatik-forum.at/limesurvey/Umfrage20091116.pdf (accessed 02/2010)
[68] http://www.informatik-forum.at/limesurvey/Umfrage20091116.pdf (accessed 02/2010)
[69] http://www.informatik-forum.at/limesurvey/Umfrage20091116.pdf (accessed 02/2010)
[70] http://www.informatik-forum.at/limesurvey/Umfrage20091116.pdf (accessed 02/2010)
[71] http://www.informatik-forum.at/limesurvey/Umfrage20091116.pdf (accessed 02/2010)
[72] http://www.informatik-forum.at/limesurvey/Umfrage20091116.pdf (accessed 02/2010)
[73] http://www.informatik-forum.at/limesurvey/Umfrage20091116.pdf (accessed 02/2010)
[74] http://www.informatik-forum.at/limesurvey/Umfrage20091116.pdf (accessed 02/2010)
[75] Lifang Shih & Karen Swan, Fostering Social Presence in Asynchronous Online Class Discussions, ?
[76] http://www.informatik-forum.at/limesurvey/Umfrage20091116.pdf (accessed 02/2010)
[77] http://www.informatik-forum.at/limesurvey/Umfrage20091116.pdf (accessed 02/2010)
[78] http://www.informatik-forum.at/limesurvey/Umfrage20091116.pdf (accessed 02/2010)
[79] Anabel Quan-Haase, Trends in Online Learning Communities, 2004
[80] http://www.informatik-forum.at/limesurvey/Umfrage20091116.pdf (accessed 02/2010)
[81] http://www.informatik-forum.at/limesurvey/Umfrage20091116.pdf (accessed 02/2010)
[82] Hyposeop Shin & Jeehoon Lee, Ranking User-Created Contents by Search User'sInclination in Online Communities, 2009
[83] http://www.informatik-forum.at/limesurvey/Umfrage20091116.pdf (accessed 02/2010)
[84] http://www.informatik-forum.at/limesurvey/Umfrage20091116.pdf (accessed 02/2010)
[85] http://www.informatik-forum.at/limesurvey/Umfrage20091116.pdf (accessed 02/2010)
[86] http://www.informatik-forum.at/limesurvey/Umfrage20091116.pdf (accessed 02/2010)
[87] http://www.informatik-forum.at/limesurvey/Umfrage20091116.pdf (accessed 02/2010)
[88] Stefanie Bergel, e-le@rning Ausgabe 02, 2005
[89] http://www.informatik-forum.at/limesurvey/Umfrage20091116.pdf (accessed 02/2010)
[90] http://www.informatik-forum.at/limesurvey/Umfrage20091116.pdf (accessed 02/2010)
[91] http://www.informatik-forum.at/limesurvey/Umfrage20091116.pdf (accessed 02/2010)
[92] Stefanie Bergel, e-le@rning Ausgabe 02, 2005
[93] Stefanie Bergel, e-le@rning Ausgabe 02, 2005
[94] Pia Bohlen & Claudia Hilker, management & training 10, 2002
[95] Stefanie Bergel, e-le@rning Ausgabe 02, 2005
[96] Stefanie Bergel, e-le@rning Ausgabe 02, 2005
[97] Birgit Dippelreiter & Dieter Merkl, Online Communities und E-Commerce (Skriptum für die gleichnamige Lehrveranstaltung), 2009, Seite 20
[98] http://de.wikipedia.org/wiki/Internetwerbung (accessed 02/2010)
[99] Birgit Dippelreiter & Dieter Merkl, Online Communities und E-Commerce (Skriptum für die gleichnamige Lehrveranstaltung), 2009, Seite 15
[100] Stefanie Bergel, e-le@rning Ausgabe 02, 2005
[101] Birgit Dippelreiter & Dieter Merkl, Online Communities und E-Commerce (Skriptum für die gleichnamige Lehrveranstaltung), 2009, Seite 15

[102] Birgit Dippelreiter & Dieter Merkl, Online Communities und E-Commerce (Skriptum für die gleichnamige Lehrveranstaltung), 2009, Seite 15

[103] Birgit Dippelreiter & Dieter Merkl, Online Communities und E-Commerce (Skriptum für die gleichnamige Lehrveranstaltung), 2009, Seite 24

[104] Birgit Dippelreiter & Dieter Merkl, Online Communities und E-Commerce (Skriptum für die gleichnamige Lehrveranstaltung), 2009, Seite 30

[105] http://www.informatik-forum.at/limesurvey/Umfrage20091116.pdf (accessed 02/2010)

[106] http://de.wikipedia.org/wiki/Troll_%28Netzkultur%29 (accessed 02/2010)

[107] Leila Alem & Simon Kravis, Design and Evaluation of an Online Learning Community: A Case Study at CSIRO, 2004

[108] Dennis, A. R. and Kinney, S. T. Testing media richness theory in the new media: The effects of cues, feedback, and task equivocality. Information Systems Research, 9, 3 (1998), 256-274.

[109] http://de.wikipedia.org/wiki/Thread-Hijacking

[110] Leila Alem & Simon Kravis, Design and Evaluation of an Online Learning Community: A Case Study at CSIRO, 2004

[111] Birgit Dippelreiter & Dieter Merkl, Online Communities und E-Commerce (Skriptum für die gleichnamige Lehrveranstaltung), 2009, Bild im TUWEL

[112] http://www.managerseminare.de/managerSeminare/Archiv/News?urlID=182651 (accessed 02/2010)

[113] Sylvia Jumpertz, e-le@rning Ausgabe 04, 2005

[114] http://www.managerseminare.de/managerSeminare/Archiv/News?urlID=182651 (accessed 02/2010)

[115] http://www.managerseminare.de/managerSeminare/Archiv/News?urlID=182651 (accessed 02/2010)

[116] http://www.chainrelations.de/einnahmemodell-fur-studivz-und-andere-studentenverzeichnisse (accessed 02/2010)

[117] Amy Bruckman & Catalina Danis & Cliff Lampe & Janet Sternberg & Chris Waldron, Managing Deviant Behavior in OnlineCommunities, 2006

[118] http://www.dradio.de/dlf/sendungen/computer/497679/ (accessed 02/2010)

[119] http://www.informatik-forum.at/limesurvey/Umfrage20091116.pdf (accessed 02/2010)

[120] http://www.informatik-forum.at/limesurvey/Umfrage20091116.pdf (accessed 02/2010)

[121] Drs. Phia Damsma & John Norgaard & Rob Jones, BEST PRACTICES IN AN ONLINECOMMUNITY FOR BLIND, PARTLYSIGHTED AND FULLY SIGHTED CHILDREN, 2005

[122] http://igw.tuwien.ac.at/igw/menschen/pohl/VernetztesLernen.pdf (accessed 02/2010)

[123] http://www.managerseminare.de/managerSeminare/Archiv/News?urlID=81938 (accessed 02/2010)

[124] Stefanie Bergel, e-le@rning Ausgabe 02, 2005

[125] Stefanie Bergel, e-le@rning Ausgabe 02, 2005

[126] Stefanie Bergel, managerSeminare Heft 96, März 2006

[127] Ulrike Pfeil, Social Support in Empathic Online Communities for Older People, 2007

[128] Office of Communication. Consumers and thecommunications market: 2006. Ofcom Consumer Panel,2006.

[129] Fox, S. Older Americans and the Internet. Washington,DC: Pew Internet & American Life Project, 2004.

[130] Wright, K. B. Computer-mediated support groups: Anexamination of relationships among social support,perceived stress, and coping strategies. CommunicationQuarterly, 47(4), 1999, 402-414.

[131] Fox, S. Online Health Search. Pew Internet andAmerican Life Project.http://www.pewinternet.org/pdfs/PIP_Online_Health_2006.pdf

[132] Lisa Neal & Kate Oakley & Gitte Lindgaard & David Kaufman & Jan Marco Leimeister & Ted Selker, Online Health Communities, 2007

[133] http://news.magnus.de/panorama/artikel/experte-online-therapie-ersetzt-gespraech-nicht-mail-statt-besuch.html (accessed 02/2010)

www.ingramcontent.com/pod-product-compliance
Lightning Source LLC
LaVergne TN
LVHW042125070326
832902LV00036B/926